I0173539

Destruyendo
Gigantes

Con una herramienta poderosa que nos otorgó Dios:
El amor

Daylan Machado

snow
fountain
press

Destruyendo Gigantes

Con una herramienta poderosa que nos otorgó Dios:
El amor

Primera Edición, 2020
© Daylan Machado

Snow Fountain Press
25 SE 2nd. Avenue, Suite 316
Miami, FL 33131
www.snowfountainpress.com

ISBN: 978-1-951484-43-9

Dirección editorial:
Pilar Vélez / Snow Fountain Press

Diagramación editorial y diseño de portada:
Alynor Díaz / Snow Fountain Press

Corrección de textos:
Marina Araujo / Snow Fountain Press

Todos los derechos están reservados. Esta publicación no puede ser reproducida, ni en todo o parte, ni registrada en un sistema de recuperación de información o transmitida por esta manera, en ninguna forma ni por ningún medio, sea mecánico, fotomecánico, electrónico, magnético, electro-óptico, por fotocopia, o cualquier otro, sin la previa autorización escrita de Snow Fountain Press, excepto en el caso de citas cortas para críticas.
Impreso en los Estados Unidos de América.

Índice

Agradecimientos

uiero agradecer a todas las personas que fueron piezas fundamentales para la elaboración de este libro, sin su apoyo e inspiración escribirlo no tendría sentido.

Primero que nada, quiero agradecer profundamente a Dios por darme la inspiración, la dirección, el consejo y sobre todo por darme su cobertura y victoria para derrotar todo gigante que se presentó en el transcurso de este proyecto, sin duda alguna fue su voluntad quien me dirigió en toda esta maravillosa aventura.

A mi esposo, Abdiel Machado, quien me apoyó y creyó en mí sin saber dónde terminaría este estupendo proyecto, quien siempre me ha empujado a vencer mis miedos y salir de mis zonas de confort. *Te amo.*

A mi hija, Samara, por inspirarme todos los días con ese amor tan puro e ilimitado que ella da, quien me enseña a diario los regalos más maravillosos y valiosos de la vida: besos, abrazos y muchos *te amo.*

A mis padres, Rafael Terán y Benita Caballero, quienes me enseñaron que no existe un matrimonio perfecto, sino un matrimonió sólido llevado con mucha paciencia y muchas risas.

Por último, a mi hermano en Cristo, William Peart, quien fue el primero en leer este escrito y darme la confirmación que necesitaba de parte Dios.

Introducción

stamos viviendo tiempos difíciles donde el amor ha dejado de ser la prioridad y el estandarte de nosotros como seres humanos; incluso, muchos lo hemos dejado a un lado, olvidándonos de ese sentimiento tan importante. Nuestra perspectiva se centra en el enojo, el estrés, el miedo, la ansiedad, la tristeza, el sufrimiento, el dolor, el rencor, los afanes de la vida, las dificultades que presentamos en nuestro diario vivir, las pasiones terrenales que llenan por un momento algún vacío. Estas situaciones, a las que se agregan los problemas del futuro que aún no acontecen y la misma religiosidad, nos desenfocan de esta herramienta poderosa de la que habla la palabra de Dios: EL AMOR.

No estoy hablando de un amor pasional o de romanticismo. Hablo de un amor más profundo, uno que genera milagros, que es capaz de sanar las heridas profundas que presenta el alma; que transforma, que perdona, que trasciende lo carnal y despierta hasta el corazón más duro, uno que restaura aquello que parecía irreparable: el amor de Dios. El único y verdadero amor.

...y ahora permanecen la fe, la esperanza y el amor, estos tres; pero el mayor de ellos es el amor.

1 Corintios 13:13 (Biblia Reina Valera, 1960).

Muchos de nosotros nos hemos vuelto fríos ante lo cálido. Encauzar nuestra sensibilidad hacia el rencor, el egoísmo, la codicia y la falta de perdón nos priva de la libertad de amar y amarnos como Dios nos instruye mediante su palabra. No estamos amando como Dios nos enseña.

...y por haberse multiplicado la maldad, el amor de muchos se enfriará. Mas el que persevere hasta el fin, este será salvo.

S. Mateo 24:12-13 (RVR, 1960).

El amor es una herramienta poderosa capaz de destruir cualquier gigante que se interponga en los propósitos y planes que Dios tiene para ti en tu vida. Dios nos da la más grande demostración de amor y nos hace testigos de un sinfín de milagros a causa de su amor para con nosotros. Pero, lamentablemente, el amor es lo último que nos mueve en este mundo. Existen personas que hablan más de la prosperidad, del castigo divino, de los problemas de la vida; de cómo ser exitoso; todo eso está bien, pero Dios quiere recordarte cuánto te ama.

...Porque tanto amó Dios al mundo que dio a su hijo unigénito, para que todo el que cree en él no se pierda, sino que tenga vida eterna.

Juan 3:16 (Nueva Versión Internacional, 1999).

Capítulo
I

Conociendo y aceptando
el amor de Dios

❁❁❁

uando yo tenía veintidós años inicié mi carrera como psicóloga y estaba muy emocionada por ejercer lo que había estudiado. Empecé a trabajar para una clínica de rehabilitación de personas con adicciones a alguna o varias sustancias tóxicas y con personas codependientes, adictas al control y a la manipulación. Estuve trabajando seis años en esa clínica y a mi corta edad escuché muchas historias que cambiaron mi visión. Yo pensaba que estas personas, por naturaleza, eran malas o que no tenían suficiente inteligencia para saber que esa droga dañaba sus vidas. Juzgaba con facilidad a los adictos, incluso les temía. ¡Claro!, cuando empecé a trabajar tuve que pedirle a Dios la valentía de dejar a un lado el miedo y el prejuicio hacia ellos.

En todas las historias que escuché, tanto de adictos como de codependientes, vi que tenían un elemento en común. Sin importar el sexo, la situación, sus antecedes familiares, su nivel económico, su religión, su nivel de estudios, e incluso sus características culturales (porque vi a pacientes extranjeros en mi país), el común denominador en todos fue la falta de amor. No había amor en ellos mismos, no tenían conocimiento sobre ello. Ni siquiera eran conscientes en sus vidas de la palabra *amor*, mucho menos la practicaban.

Con todo lo que vi de mis pacientes pude conocer que la verdadera razón por la que la persona empieza a consumir drogas es por una gran falta de amor propio. Cual fuera la situación que vivían los pacientes atendidos, el origen de su adicción en realidad provenía de una gran falta de amor. Eso los llevaba a tomar malas decisiones en sus vidas que afectaban la manera cómo enfrentaban sus circunstancias adversas; al contrario, dichas situaciones las utilizaban para justificar su consumo. En el caso del codependiente, esa falta de amor los llevaba a quererlo suplir por el poder de controlar la vida de una o varias personas. Alguien que descuida su propia vida buscando la manera de controlar la ajena (tratando de resolverle a otros sus problemas, mientras no puede solucionar los suyos, entrando en una relación viciosa e insana, llena de caos) es una persona con mucha falta de amor.

Y, ¿qué es el amor?

Bueno, existen muchas definiciones y tipos de amor ya descritos por otros autores. Estudiando algunos conceptos llegó a mí una humilde conclusión: el origen y significado de los conceptos de amor están basados en las vivencias personales, en percepciones propias, y algunos han distorsionado

> ...el origen y significado de los conceptos de amor están basados en las vivencias personales, en percepciones propias...

la verdad sobre esa palabra. Por esa razón nos centraremos en el único y verdadero amor, el AMOR de Dios; el cual es inagotable, perfecto, y misericordioso. En realidad, nunca podremos entender su amor porque es tan grande que a veces los humanos no tenemos la capacidad para asimilarlo en nuestras vidas. Pero hablaremos de la definición más cercana:

Ágape (en griego: ἀγάπη). Es el término griego para describir un tipo de amor incondicional y reflexivo, en el que el amante tiene en cuenta solo el bien del ser amado.

Este concepto resalta la idea de hacer el bien al prójimo; tal vez pienses: «y, ¿qué hay acerca de mí?» Bueno, cuando haces el bien al prójimo es porque en ti hay amor. Damos lo que tenemos, es imposible dar algo que no tengamos. Mi maestro de psiquiatría nos decía: «Según tu nivel de enfermedad emocional será como elijas a tu pareja. Entre más sano emocionalmente estés, más sana será tu pareja». Así que para hacer el bien de la otra persona, y amar como Dios manda en sus preceptos, tenemos que amarnos primero nosotros.

Roberto Fisher, el autor de *El caballero de la armadura oxidada* mencionó esto en su libro: «Solo podrás amar a otros en la medida que os amáis a vos mismos».

El amor en nuestras vidas requiere de sacrificios, dejar nuestro egoísmo, nuestro dolor, nuestro propio concepto sobre el amor, nuestra comodidad y desinterés por el prójimo. Debemos dejar de centrarnos en nosotros, no podemos permitir que el eje de nuestras vidas gire solo a nuestro alrededor. Cuando nació mi hermosa hija pude entender un poco el gran sacrificio de Dios. ¡Nos ofreció a su hijo! Lo más preciado en la vida de un ser humano. ¡Wow! Solo por amor a nosotros; sabiendo que pecábamos y pecaríamos, aún así lo hizo.

Yo me imaginé llevando y cuidando a mi bebé en mi vientre, amándola cada día, y saber que al nacer tendría que cumplir con una misión por completo injusta me resultaba incomprensible. Imaginaba a mi hija pagando una cuenta que no es de ella. ¡Pagar por un pecado que ella no cometió! Escribo y se me salen las lágrimas. Mi hija inocente morir por gente culpable. Y ¡Dios nos entregó a su único hijo: JESÚS!

Y por otro lado, el amor (acto de obediencia) de Jesús hacia su padre y hacia nosotros. Conociendo nuestra condición, aún así morir por nosotros. Seguir siendo perseverante ante algo injusto. ¡Wow! Lo escribo y todavía no lo concibo. Cuán grande es su amor. Usted, ¿lo haría? Usted, ¿sacrificaría a un hijo por alguien que ha pecado, que no ama y que sabe que es probable que falle aun después de que su hijo sea sacrificado? Estoy casi segura de saber cuál será su respuesta. Con honestidad, yo no lo haría, pero Nuestro Señor sí lo hizo. Él, siendo Dios, el Todopoderoso, el creador de la vida, pudo haber evitado que su hijo pasara por ese proceso, pero él no quería demostrarnos su poder (porque su poder lo demostró cuando creó los cielos, la tierra y todo lo que en ella habita), sino su gran amor hacia la humanidad. El amor de Dios es tan grande que llena todo lo que usted necesita. Por eso el amor se resume en un solo concepto: DIOS ES AMOR.

> *Que el Señor los lleve a amar como Dios ama, y a perseverar como Cristo perseveró.*
> *2 Tesalonicenses 3:5 (NVI, 1999).*

Un día estaba en mi consultorio terminando de cerrar los últimos casos, porque había renunciado a mi trabajo para dedicarme a ser mamá y viajar al país donde me encuentro con mi esposo y mi hija. Pues bien, en el área de psicología uno no puede abrir un caso y dejarlo inconcluso; sea que el paciente siga o no en su tratamiento, nuestro deber es agarrar un caso sabiendo que debemos concluirlo (al menos en mi país así es). Estando en esta situación mi exjefa me llama a su oficina y me dice de una chica que necesita una consulta y le dije: «tú sabes que en tres semanas me voy» y ella me responde diciéndome que la atendiera y que después veríamos a dónde se canalizaba porque estaba llena la agenda con las demás psicólogas.

Acepté y la atendí, lo primero que le dije fue que yo estaba a semanas de irme y que no sabía si podría brindarle la ayuda como la requería. Y ella me dijo: «sí, está bien, yo solo necesito hablar».

Fueron tres sesiones donde me contó sin parar de llorar su triste y terrible historia. Cuando era niña fue abusada sexualmente por su padrastro infinidad de veces; su mamá, sabiendo de esa situación, no actuó al respecto, por eso su padrastro seguía haciéndolo. Ella termina embarazada de su padrastro y una noche escucha una conversación entre su mamá y su marido. Su madre quería matarla a ella por salir embarazada de su pareja, entonces la muchacha tomó la iniciativa de irse de su casa.

Se casó muy joven, tuvo varias parejas mayores, y varias hijas que repitieron su historia (la mayoría de ellas fueron abusadas sexualmente por sus padrastros). Ella empezó a trabajar como bailarina exótica, y para tratar de encajar en ese ambiente inició el consumo de drogas. Ahí conoció a su actual pareja, un hombre mayor de más o menos sesenta y seis años, cuando ella solo contaba con unos veintisiete; pero el hombre tenía mucho dinero. Un día me expresó lo siguiente: «estoy cansada de vivir con él, lo repudio, no lo quiero. Llega la noche y me empiezan a dar dolores de cabeza y náuseas». Le pregunté cuál era la razón por la que estaba con él, y ella, respondiéndome, dice: «por mis hijas. Ellas necesitan cosas, también quiero reponer un poco el daño que ellas han pasado por mi culpa y darles lo mejor que se pueda. Aparte, yo no sé hacer nada, ¿de qué viviría?». Este hombre tampoco la amaba, la tenía vigilada, tenía en su casa cámaras por donde quiera y la tenía controlada de su dinero. Ella solo traía lo que él le daba dependiendo de cómo se comportara con él.

Había en ella una gran falta de amor, y no era para menos; nadie le enseñó el verdadero amor. Quien debía haber sido su apoyo más grande, su mamá, prefirió verla sufriendo los abusos en lugar de dejar a su pareja. ¡Egoísmo puro!, no fue amada de forma correcta, al contrario, vivió puro dolor y rechazo. Cómo podría amarse si no conocía el amor ni siquiera de su madre. Su valía había sido destruida cuando empezaron a abusar de ella sexualmente y no había nadie que la defendiera. ¿Parece justo? No. ¡Claro que no! No es justo, pero tiene una explicación. De manera lamentable, traemos un amor deformado o una falta de amor de generaciones atrás, es probable que su mamá tampoco fuese amada.

Existen personas cargando odio, enojo y falta de amor desde cien años atrás o más, por causa de sus antepasados. Esto tiene como resultado una cadena que no se rompe hasta que alguien decide hacerlo, dejando a un lado su dolor y sus heridas; asiéndose a la decisión de amar a pesar de las situaciones adversas.

No podemos aplicar algo en nuestras vidas que no conocemos. Al vivir vamos aprendiendo lo que experimentamos en nuestras rutinas diarias, lo que nos enseñan nuestros padres, hermanos, nuestra familia nuclear. El primer contacto que tenemos con el mundo es nuestra familia. Si ellos no expresan su amor hacia nosotros de una forma sana es muy probable que no podamos amar y amarnos de una manera correcta.

Los seres humanos nacemos teniendo amor, pero, después de nacer (e incluso antes de nacer, estando en el mismo vientre, algunos son rechazados, maldecidos, no deseados) vamos poco a poco perdiendo la capacidad de amar. Si usted observa a los bebés, ellos son felices, nacen así. El llanto de los bebés es una expresión inevitable para el reclamo de sus necesidades básicas, pero ellos no demuestran un sentimiento contrario a la felicidad, sino hasta que empiezan a ser conscientes de sus emociones, cuando se enfrentan a situaciones dolorosas, injustas o tristes.

A nosotros, como padres, muchas veces se nos olvida simplemente expresarles amor, o se los demostramos de la forma equivocada (dándoles cosas materiales tratando de intercambiarlas por el tiempo que les negamos) y por lo tanto, el ser humano empieza a olvidarse y, en muchos casos, a dañarse el depósito que DIOS puso en ellos: el amor.

Y, ¿sabes?, Satanás quiere precisamente eso, que la gente viva sin amor, que sea presa del dolor, del rencor, la ansiedad, la culpa, la depresión, el sufrimiento, la frialdad, la venganza. Él quiere al mundo lleno de odio. Por eso hay mucha venganza, gente siendo indiferente ante situaciones injustas. Satanás quiere que tu enfoque sea el dolor y que te olvides del amor, porque si te olvidas de amar, te olvidas de Dios. Pero déjame decirte algo: tú podrás olvidarte de Dios, pero él no se olvida de ti, él quiere enseñarte su amor.

El último día que vi a esa chica dejé que terminara de desahogarse porque era lo único que podría hacer: brindarle un espacio con quien ella pudiera expresarse sin temor a ser juzgada o rechazada. Cuando terminó de desahogarse le dije: «mira, lo que haré no está permitido en las sesiones, pero lo voy a hacer contigo porque de todas formas ya me voy y necesito sembrar una semilla en ti y tú te encargarás de lo demás. Voy a orar por ti, el único ser que te puede ayudar a sanar tus heridas y que te puede enseñar a amarte es Dios.

Y juntas elevamos esta oración:

Dios, he sido muy herida de forma injusta, y de muchas maneras, a causa de mi falta de amor. Pero hoy te pido que me enseñes a amarme como tú me amas y que me inundes de tu amor para que tome las mejores decisiones para mí y mis hijas. ¡Sana mis heridas, en el nombre de JESÚS! ¡Amén!

Fue una oración pequeña, porque no era el lugar indicado, pero estoy segura de que sembré una semilla en ella y al tiempo de Dios cosechará.

Habrá situaciones en su vida que lo quieran sacar del camino del amor de Dios, pero el amor es en realidad un arma poderosa para enfrentar cualquiera de ellas. Debemos entender que el amor verdadero proviene de Dios. Él nos enseña a amar ante situaciones injustas.

Los matrimonios de ahora no superan todas las crisis porque su fundamento no está en el amor de Dios (capaz de perdonarlo todo y promover el cambio para tener un matrimonio más saludable), sino que está basado en nuestras necesidades y en un sinfín de negociaciones. En la actualidad el matrimonio se maneja como un contrato donde cada uno cuida sus propios intereses. Eso, hasta cierto punto, está bien, pero ¿y qué hay del compromiso y la obediencia con Dios?, ¿qué sucede con el pacto que se hace con Dios? Cuando uno se casa hace promesas ante Dios, y esas promesas se tienen que cumplir. Amar es una decisión y es un acto de obediencia para con Nuestro Señor.

Un día, mientras estaba en un supermercado haciendo fila para pagar, la cajera, al ver el anillo de la chica que estaba delante de mí (que por cierto era gigante su piedra), le dice: «¡Wow! ¡Tu esposo debe amarte mucho!». Yo miré mi anillo (que tiene una piedra pequeña, pero lo porto con mucho orgullo) y pensé: «¿qué va a decir esta persona?, ¿que a mí no me aman tanto? En eso la chica responde: «sí, soy muy afortunada, mi esposo tiene un buen trabajo». Cuando contestó eso yo pensé: «¿y el amor? ¿Dónde está nuestro enfoque acerca del verdadero amor?»

Esta vida nunca será fácil. Todos pasaremos por altas y bajas, por momentos de felicidad y momentos de dolor, por etapas de lealtad y por etapas de traición, pero uno tiene que tomar una decisión sabia: o decides vivir en dolor, o decides vivir amando.

La única manera en que usted ame de forma correcta es conociendo a Dios y recibiendo a Jesús como su Señor y Salvador. No hablo de religiosidad —eso es un punto que tocaremos más adelante—, hablo de una relación con Dios donde él nos muestra su amor y nosotros nos alineamos a sus preceptos.

Dios es amor

Amados, amémonos unos a otros; porque el amor es Dios. Todo aquel que ama, es nacido de Dios. El que no ama, no ha conocido a Dios; porque Dios es amor. En esto se mostró el amor de Dios para con nosotros, en que Dios envió a su Hijo unigénito al mundo, para que vivamos por él. En esto consiste el amor: no en que nosotros hayamos amado a Dios, sino que él nos amó a nosotros, y envió a su Hijo en propiciación por nuestros pecados.

1 Juan 4: 7-10

Si has estado amando de forma incorrecta (porque eso fue lo que aprendiste), si has dejado de amar porque te desilusionaste o te hirieron, si no has amado porque no supiste cómo hacerlo; sea cual sea tu circunstancia Dios te dice: «yo puedo sanar tus heridas, yo puedo —porque soy tu creador— volver a poner un depósito nuevo de amor en tu vida». Lo único que quiere Dios es que lo ames y que te ames. Y la única forma en que Dios hace todo nuevo es que tú recibas a quien pagó tu deuda y mi deuda; ¡que recibas a Jesús! Así que haz esta oración:

Oración

Dios, reconozco que he fallado, que no he amado como tú nos amas, pero hoy quiero ser diferente, quiero amar y perdonar. Quiero vivir bajo tu voluntad y bajo tu palabra. Perdóname por todos mis pecados, lávame y límpiame con tu sangre preciosa. Yo reconozco en este día a Jesús como mi Señor y mi Salvador, lo recibo en mi corazón en el nombre de Cristo Jesús. ¡Amén! Te damos gracias, Dios, por todo lo nuevo que estás haciendo. ¡Amén!

Capítulo JJ

Reconstruyendo mi identidad

❀❀❀

n día, en una conferencia de trabajo donde se planteaba el tema sobre la violencia hacia la mujer, la ponente inició con esta interrogante: «ustedes, ¿creen que a la mujer que sufre de violencia doméstica le gusta que le peguen? —y luego señaló—, comienzo con esta pregunta debido a que escuchamos decir, "si ella está con ese hombre es porque le gusta que la maltraten"». Entonces contestó un varón: «pues yo un día pasaba por un lugar y vi como un hombre estaba golpeando a una mujer, me acerqué a defenderla y la mujer me dijo: "déjalo, es mi esposo y él sabe lo que hace"; lo que yo hice fue retirarme y pensé eso, precisamente, que a esa mujer le gusta que le peguen». La conferencista respondió: «bueno, en apariencia, pensaríamos que sí, pero hay otra realidad. Hay una gran falta de identidad, y cuando no sabes lo que eres aceptas cualquier trato que te dé la vida».

Ampliemos la reflexión sobre este término: *la identidad.*

Según la psicología, la identidad es el conjunto de pensamientos, valores, sentimientos, y elementos contextuales que constituyen la personalidad, el carácter, el modo de vida y la forma de actuar de un individuo.

La falta de identidad que manifiestan las personas se debe a que tienen un concepto erróneo sobre ellos mismos con pensamientos y sentimientos negativos: creen que no sirven, que no hacen nada bien, que es justo que les peguen; se sienten culpables de todo, inferiores, no merecedores de cosas buenas; se aprecian indignos. Esta percepción de sí mismos es porque presentan una baja autoestima. Todo tiene congruencia, los elementos se concatenan: si tú mismo no tienes pensamientos buenos sobre ti, tampoco obtendrás sentimientos buenos para ti por parte de los demás y, mientras esto ocurra, te conducirás de forma errónea o poco saludable por la vida. Como consecuencia, la vida estará llena de circunstancias negativas que forjaran un carácter débil. Y todo esto se relaciona por completo con el capítulo anterior.

Muchas veces el enemigo se aprovecha de nuestra falta de identidad, de nuestra vulnerabilidad, ahí es cuando él introduce en nosotros la idea de que somos indignos, que no merecemos el amor y el perdón de Dios porque le hemos fallado; entonces empieza a crear el sentimiento de culpabilidad y victimización. Cuando te crees víctima o culpable de tu situación te olvidas de quién te creó y de todas las promesas que tiene para ti.

Volvemos al ejemplo de la mujer maltratada físicamente, ella cree que es merecedora de esos golpes (es probable que piense que hizo algo mal y eso causó el enojo de su esposo); ella cree eso porque no sabe quién es y cuánto vale como mujer.

Así pensamos la mayoría de nosotros, sentimos que no merecemos el amor de Dios, sino su castigo porque le fallamos. Y déjame decirte algo: Dios no te identifica por tu pecado, sino por el propósito que tiene él para ti.

Cuando empecé a ejercer la psicología tenía apenas veintidós años y nunca había trabajado dando terapias. Todo era nuevo para mí y recuerdo que un día llegó uno de mis primeros pacientes. Era un señor de edad adulta. No viejo, solo adulto. Venia por un problema de adicción a la cocaína y quería dejar de consumirla, entonces inicié aplicando la historia clínica. Cuando llegamos al punto de la historia clínica donde se interroga acerca de a qué se dedica, él me respondió: «bueno, no sé si deba contestar esa pregunta». En ese momento pensé: «según la complexión de su cuerpo, su edad, y el tipo de droga que consume, puede ser que trabaje en esto…, pero no estoy preparada para que me lo diga y tampoco quiero que me lo diga» Todo esto pasaba por mi mente. ¡Claro!, yo tenía una postura profesional y mi paciente debe haberlo advertido porque, sin insistirle, de repente me dijo: «Soy un sicario, me pagan por matar gente. A eso me dedico».

Me quedé helada en mis pensamientos, porque en mi aspecto físico seguía con mi postura. Le respondí con esta pregunta: «Y hoy, ¿qué quieres ser?»; «Bueno, quiero cambiar, ser una persona diferente, estoy cansado de esta vida y mi esposa también está cansada de mí», fue su respuesta. «Bueno, enfoquémonos en eso, en el cambio», fue la mía.

Yo no iba a juzgarlo, ni a condenarlo, él venía a buscar ayuda para cambiar, así que yo le brindé la ayuda terapéutica para que iniciara el proceso del cambio a algo nuevo y diferente para su vida.

Dios trabaja así. Él no te juzga, no te condena, él solo quiere tu bien y demostrarte su amor, y cuando buscamos de él para hacer el cambio en nuestras vidas, él nos recibe y nos da una nueva oportunidad y una nueva identidad. Si nos arrepentimos de todo corazón y confesamos nuestros pecados, ¡ÉL OBRA!

Dios hace todo nuevo en ti. Cuando tú lo recibes en tu vida por medio de Jesús y le pides perdón de todo corazón, él te recibe, te hace hijo adoptivo por medio de la sangre de Jesús. Con un sello queda marcada tu nueva identidad en Cristo. El sello del Espíritu Santo.

Él te dice: «de aquí en adelante escribiré una nueva historia en ti».

> *De modo que, si alguno está en Cristo, nueva criatura es; las cosas viejas pasaron; he aquí todas son hechas nuevas...*
>
> 2 Corintios 5:17 (Reina Valera, 1960)

El proceso del cambio

Cuando Dios dice que escribirá una nueva historia en ti es porque él lo hará. Pero requiere de un proceso y de varios factores que dependen de nosotros. Primero tenemos que creer que él puede cambiar nuestra situación y darnos una nueva identidad. Después tenemos que proclamar nosotros también el cambio. Dejar nuestros viejos hábitos, incluso nuestro propio yo, y dejar que el Espíritu de Dios more en nosotros.

Un día, estando en mi casa, escuché por televisión el testimonio de un pastor de jóvenes de una iglesia muy grande y conocida por muchos. Este pastor contaba cómo había sido llamado por Dios cuando él andaba perdido en las drogas, aún siendo sus papás cristianos. No

> *Para formar nuestra nueva identidad es importante reconocer el daño que hemos causado y afrontar las consecuencias de nuestras malas decisiones*

recuerdo el testimonio al cien por ciento, pero me impactó

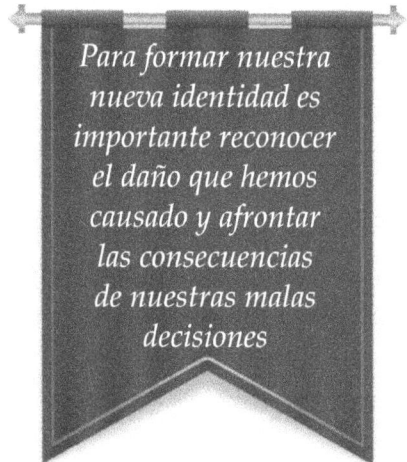

esto: «Una noche estaba yo tirado en el baño de un antro, a punto de tener otra sobredosis, y no sé porque pensé que esta sería la final si no paraba. Clamé al Dios que mis padres me enseñaron y le dije: "Dios sálvame y cámbiame". Y yo pude escuchar la voz de Dios que me dijo "lo voy a hacer, haré el milagro de salvarte de esta sobredosis. Pero lo demás va a depender de ti". Así fue, yo tuve que cambiar mi deseo de la droga por el deseo de buscar a Dios, dejar atrás mis malas amistades y mis viejos hábitos. Es todo un proceso, pero con la ayuda de Dios todo es posible». Y es verdad, dejar una adicción a una o varias drogas no es fácil; es un proceso que causa dolor en el organismo y es una batalla muy grande con la mente sobre el deseo de no consumir más. Las personas solo pueden vencer cuando empiezan a tener fuerza de voluntad para dejar todo aquello que afecta su transformación.

Otro punto esencial que debo señalar es que para formar nuestra nueva identidad es importante reconocer el daño que hemos causado y afrontar las consecuencias de nuestras malas decisiones. En ocasiones, Dios te podrá salvar de una sobredosis, una condena u otra situación. Dios te limpia de toda maldad y de todo pecado y hace todo nuevo en ti, pero en otros momentos tendremos que afrontar nuestras consecuencias. Sin embargo, no te preocupes porque Dios te equipará con una nueva y suficiente gracia, paciencia, fe y amor para llevarlo a cabo.

Un día, en una cena, yo expresé que no me siento culpable por corregir a mi hija, llamarle la atención o castigarla cuando hace algo incorrecto o no obedece; las demás mamás se me quedaron mirando raro, pero en realidad no me siento culpable, porque mi corrección hacia ella nunca será más grande que mi amor por ella. Y así trabaja Dios. No tengas miedo a ser corregido y a enfrentar el proceso de alineamiento, porque su amor por ti es más grande.

...No tengan deudas pendientes con nadie, a no ser la de amarse unos a otros. De hecho, quien ama al prójimo ha cumplido la ley.

Romanos 13:8 (NVI, 1999).

Por último, no permitas que las nuevas pruebas en tu vida te hagan olvidar tu identidad en Cristo porque, déjame decirte, en este mundo mientras vivamos habrá problemas y procesos que tendremos que superar; ¿por qué?, porque vivimos en un mundo donde habrá aflicciones. La misma palabra de Dios nos advierte, pero también nos dice que él estará con nosotros. Es nuestro deber reconocer quiénes somos y recordar que somos sus hijos. A Satanás no se le olvida quién eres tú, él sabe que eres hijo de Dios y buscará siempre la manera de crear controversias en tu vida para que tu identidad se vea afectada, pero mientras tú sepas quién eres y confíes en Dios verás tu victoria. Porque la victoria ya fue ganada, solo tenemos que creer.

...Pero a todos los que le recibieron, les dio el derecho de llegar a ser hijos de Dios, es decir, a los que creen en su nombre.

Juan 1:12

Oración

Dios, hoy vengo a ti porque quiero un cambio en mi vida, perdona mis pecados y mis fallas, a causa de eso olvidé quién soy yo para ti; en otras ocasiones, como no sabía quién yo era, cometí muchos errores y causé mucho daño a mi propia persona y a otras. Inúndame de tu amor para olvidar y sanar mi dolor. Ayúdame a reconocerme como un hijo tuyo y quita de mi vida el egoísmo que es manejado por mis heridas. Dame el valor y la fuerza para reparar el daño y afrontar las consecuencias. Espíritu Santo, equípame de lo que necesito ser equipado para seguir en tus caminos y no desviarme, para llegar al propósito que tú tienes para mí, para manejar mi vida bajo tus preceptos. Hoy te pido que escribas una nueva historia en mi vida, que me des el valor para cambiar la hoja por una nueva, donde tú puedas empezar a escribir. En el nombre de Jesús, amén. Te damos gracias por todo lo nuevo que estás haciendo, gracias por todas las cosas nuevas que estás haciendo en mi vida. ¡Amén!

Capítulo III

Ponte tu corona

❀❀❀

uando era niña me encantaban los cuentos sobre las princesas y sobre cómo el bien vencía al mal. Como los cuentos tenían un final feliz y todo iba a ser color de rosa (puro amor y felicidad), me fascinaban. Cuando comenzamos nuestra carrera cristiana, pensamos que así iba a ser todo: amor y felicidad. Pero, lamentablemente, no lo es.

Hay un solo elemento en el que se asemejan los cuentos con la vida. El bien sí vence al mal, eso es cierto, pero en el camino de la vida cristiana nos vamos a encontrar con pruebas que el mismo Dios permitirá a Satanás para poder terminar de formar la nueva obra que quiere hacer en nosotros, o para comprobarle quiénes somos; otras veces tendremos ataques del enemigo con el objetivo de que desistamos para no llegar al propósito de Dios.

El ladrón no viene sino para hurtar y matar y destruir; yo he venido para que tengan vida, y para que la tengan en abundancia.

Juan 10:10

Cuando venimos a los pies de Cristo, iniciamos una relación con Dios y empezamos a asistir a una iglesia lo hacemos para buscar el amor de Dios.

> *Si no tengo amor, de nada me sirve hablar todos los idiomas del mundo, y hasta el idioma de los ángeles. Si no tengo amor, soy como un pedazo de metal ruidoso; soy como una campana desafinada.*
>
> 1 Corintios 13:1

Como nota aclaratoria. Asistir a la iglesia es lo ideal, yo estoy de acuerdo con la religión. En la introducción mencioné la palabra religiosidad con un sentido diferente a la religión. La religión es una relación con Dios, es acudir a tu iglesia recibir palabra, formar parte de la congregación, servir y después, saliendo de la iglesia, seguir teniendo relación con Dios y vivir conforme a sus preceptos.

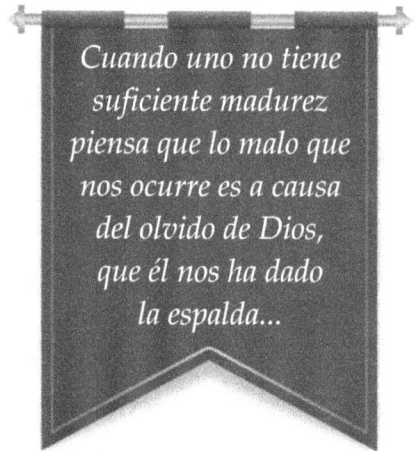

Cuando uno no tiene suficiente madurez piensa que lo malo que nos ocurre es a causa del olvido de Dios, que él nos ha dado la espalda...

En el capítulo anterior mencionábamos que vivimos en un mundo donde habrá aflicciones. Algunas de estas aflicciones ocurren a causa de nuestra desobediencia, o cuando, por otro lado, al no recibir respuesta de Dios ante nuestras oraciones en el tiempo o la forma en que queremos, se genera desánimo. Entonces, en alguna de estas situaciones de aflicción es probable que descuides tu corona (y con esto me refiero a la actitud de olvidarnos que somos hijos del rey y por lo tanto somos princesas y príncipes), porque pensamos que la prueba es castigo o que es una demostración de que Dios no está con nosotros.

Me atrevo a escribir esto porque en muchas ocasiones de mi vida yo pensé eso en los momentos de prueba. Cuando uno no tiene suficiente madurez piensa que lo malo que nos ocurre es a causa del olvido de Dios, que él nos ha dado la espalda, y viene el desánimo a nuestras vidas; o pensamos que Dios no nos escucha y no atiende a nuestro clamor.

En medio de las pruebas, a veces, no podemos sentir la presencia de Dios, entonces pensamos que Dios nos ha abandonado y dejamos de actuar como sus hijos. Aunque sabemos de él y asistimos a la iglesia, dejamos de usar nuestra corona. Estamos tan enfocados en nuestras dolencias y nuestras batallas que, en ocasiones, el amor que hay en nosotros como hijos de Dios se empieza a ver afectado.

Caemos entonces en la victimización, dejamos que toda una nube de dificultades y de cosas negativas nos inunden. Cuando no tienes puesta tu corona te mueves según tus sentimientos, te enfocas en la realidad terrenal y no en la realidad espiritual.

Empieza el alejamiento espiritual. Al parar de orar dejas de creer en las promesas de Dios; ahora tu postura es como la de una víctima que se justifica en el dolor para no seguir buscando a Dios. Culpamos y cuestionamos a Dios por todo y creemos que su amor hacia nosotros se ha acabado.

En momentos de adversidades en mi vida yo me he sentido así. Una temporada estaba pasando por situaciones difíciles y no hacía otra cosa más que llorar, veía todo negativo y sin salida. Un día Dios habló a mi vida y me dijo: «enfócate en mí» y después me lo confirmó en una predicación en la que escuché: «enfócate en Dios» y entendí que debemos usar el dolor como contracción para dar a luz algo nuevo. Levántate y ponte tu corona, actúa como una hija/hijo de Dios. Llorar es bueno, pero no le llores a Satanás, llora con esperanza sabiendo que Dios está en control de tu situación. Actuar como un representante de Dios implica: creer en Dios, aun cuando no pasa nada; amar, incluso cuando fuiste herido; alabar, a pesar de que se te esté cayendo el mundo encima. Recibir y dar gracias por las promesas de Dios, aunque no las tengas en forma física, es tener paz y gozo en tu prueba. Qué difícil, pero eso, ¡eso!, es lo que te hace ser diferente de los demás, y es donde tu corona brilla con más poder. Es donde Dios se luce en tu vida con una tremenda gracia.

...Y sabemos que a los que a Dios aman, todas las cosas les ayudan a bien, es a saber, a los que conforme al propósito son llamados.

Romanos 8:28

En medio de la prueba reconoce quién eres tú en Dios. Actúa siendo obediente, amando, perdonando, confiando y creyendo en Dios. No reacciones conforme a las pruebas; es decir, si me hieren dejo de amar. ¡No!, hay que amar y perdonar. Nadie dijo que sería fácil, pero el amor genera milagros. Cuando confías en el amor que Dios tiene por ti y los tuyos, confías en el proceso y el gozo de Dios se vuelve tu fortaleza.

Cuando Jesús estaba siendo crucificado, en ese momento de prueba, de dolor excesivo y totalmente injusto, él siguió siendo obediente, teniendo una postura misericordiosa y compasiva, no operó bajo el dolor y la injusticia. Él pudo haber condenado a los ladrones que estaban siendo crucificados junto con él, porque ellos sí habían hecho algo en contra de la ley, pero aun en el dolor él decidió operar bajo el amor de Dios. Uno de los ladrones le dijo a Jesús:

...Y dijo a Jesús: Acuérdate de mí cuando vengas en tu reino. (Lucas 23:42).

Y Jesús operando en el amor, sin reaccionar como sería lógico ante esa circunstancia injusta y dolorosa, le respondió:

De cierto te digo que hoy estarás conmigo en el paraíso.
(Lucas 23:43).

Cuando tienes puesta tu corona en momentos de pruebas, operas bajo el amor de Dios, bajo la obediencia, bajo la fe, la gracia, el gozo, bajo su voluntad. Y aún en esos momentos eres capaz de alabarle, de agradecerle, de servir. Muchas veces nos justificamos y pensamos; «cómo voy a orar por mi hermano en necesidad si yo estoy pasando por prueba también», pero observa la actitud de Jesús, no te canses de hacer el bien porque sabes que no es lo que se mira físicamente, sino la gloria que Dios tiene para tu vida.

...Le pido que, por medio del Espíritu y con el poder que procede de sus gloriosas riquezas, los fortalezca a ustedes en lo íntimo de su ser, para que por fe Cristo habite en sus corazones. Y pido que, arraigados y cimentados en amor, puedan comprender, junto con todos los santos, cuan ancho y largo, alto y profundo es el amor de Cristo.
Efesios 3:16-18

El desánimo

El desánimo, como lo mencioné con anterioridad, es un gran gigante que nos impide operar bajo la fe, porque al momento de no recibir lo que le demandamos a Dios, mediante nuestras oraciones, empezamos alejarnos de él. Al momento de no recibir nuestros milagros dejamos de creer y nos alejamos de todo lo que tiene que ver con Dios.

Al respecto, en la Biblia se habla de dos personajes cuyas acciones quiero destacar: Daniel y Esteban.

Daniel oró en un momento de prueba y Dios lo libró de ser consumido en horno de fuego, y en otra oportunidad lo salvó de ser devorado por un león. Dios puso ángeles para que lo cuidaran.

Esteban era un discípulo fiel de Jesús lleno de fe y del Espíritu Santo, por hablar la verdad de la palabra de Dios fue acusado de blasfemia y muere apedreado. Dios no lo salvó de su muerte que fue injusta. Pero no fue porque no pudiera o no quisiera, sino porque a veces Dios no va a obrar por lo que necesitamos o lo que nos hace falta, lo hace conforme a su propósito y su voluntad.

En ese terrible momento de Esteban se encontraba Saulo de Tarso, quien después fue Pedro. No precisamente el milagro era para Esteban, sino, conforme al plan de Dios para rescatar almas, como en el caso de Saulo de Tarso[1].

Hace tiempo escuché una canción: «Something more», de un motivador cristiano, Nick Vujicic, y en el video él menciona esto: «si no consigues un milagro conviértete en uno». Un día yo estaba orando por un milagro de sanidad y en oración dije esto: «**Dios** si tú me sanas yo te voy a servir» y Dios me contestó de inmediato diciéndome: «Sírveme primero»; y es lo que estoy haciendo actualmente. Me sane o no me sane, Dios sigue siendo Dios. Él tiene un propósito. No solo conmigo, sino con la humanidad que necesita ser impactada por alguna persona que a pesar de que el mundo se le venga abajo sigue amando a DIOS. Que el testimonio tuyo impacte y que digan: «mira a él (o ella) le está lloviendo fuerte, pero se ve con una paz, con un gozo, ¡sigue alabando y adorando a Dios!» A veces eso es lo único que tendremos que hacer: vivir el proceso sonriendo y confiado.

---

[1] La historia de Daniel la pueden leer en el libro de Daniel, y la historia de Esteban empieza en el libro de Hechos 6.

Como nota aclaratoria: Cuando digo que Dios me habla me refiero a que estoy pensando y sintiendo algo, y luego viene un pensamiento contrario que desarma todo lo que estoy sintiendo y pensando, entrando a un estado de paz y me hago consciente de que es el Espíritu de Dios en mi vida.

¡Ponte tu corona y mantente firme!

...Maestro, ¿cuál es el gran mandamiento en la ley? Jesús le dijo: Amarás al Señor tu Dios con todo tu corazón, y con toda tu alma, y con toda tu mente.

Mateo 22:36-37

Oración

Dios, te pido en el nombre de Jesús que en los momentos de pruebas, de procesos y de desiertos tú nos sustentes con tu mano poderosa, que nos cimientes en tu roca fuerte, para que ninguna aflicción pueda desenfocarnos de ti, aumenta nuestra fe para que nuestra identidad como hijos tuyos nos haga declararnos en victoria y confiar en que tú estás en control de cada proceso, renueva nuestras fuerzas con aceite fresco y que tu gozo nos fortalezca en los momentos difíciles. También te pido de tu paz para que podamos seguir avanzando hacia tu propósito. Todo esto te lo pedimos en el nombre de Jesús. ¡Amén!

Capítulo IV

Quítate la etiqueta

❁❁❁

iempre he pensado que los nombres dictan mucho en tu vida. Con el tiempo aprendí que sí, es verdad, como te llames o como te llamen puede tener algún impacto positivo o negativo en tu vida.

Cuando leía algún libro, o la Biblia, o escuchaba una predicación, llegué a notar algo muy interesante. Cuando buscaban el significado del nombre del personaje del que se hablaría en el estudio o prédica, me daba cuenta de que su nombre coincidía con su personalidad y su historia.

Estudiando psicología leí en un libro que no era bueno poner los nombres de los padres, abuelos, tatarabuelos a los hijos o hijas, porque eso era como etiquetarlos y encauzarlos a que siguieran el mismo modelo de sus antepasados; ahora, si el modelo era positivo, ¡pues genial!, pero si no, los estaríamos marcando para que siguieran un patrón negativo. Eso que leí en el libro de psicología mientras estudiaba no es cien por ciento verdad, pero impactó mucho en mi forma de pensar acerca de cómo te llaman. La razón para ello es personal, porque yo tengo dos nombres: el primero, nunca lo llegué amar pues es muy difícil de pronunciar para las otras personas y siempre me lo viven cambiando; el segundo, no me gusta tanto, pero al menos tiene un bonito significado.

Por eso cuando tuve mi niña me di a la tarea de buscar un nombre bonito y con un significado importante.

Pero el caso es que en el transcurso de la vida no solo influye tu nombre, sino los sobrenombres que las personas te ponen, y la mayoría de ellos basados en nuestros defectos y nuestras fallas.

Cuántos hemos escuchado decir, o decirnos, «mira, ese es mi hijo (tío, papá, mamá, amigo, compañero, etc.), el drogadicto (el feo, el gordo, el bueno para nada, el tonto, el infiel, el pecador [todo lo negativo ahí inclúyalo])», o peor aún: «Yo soy el...» ¿Cuántos de nosotros nos hemos puesto una etiqueta?

¿Qué es una etiqueta según la psicología?

Es una calificación identificadora de una persona en cuanto a su carácter, dedicación, profesión, ideología, etc.

Las etiquetas pueden ser positivas o negativas, pero la mayoría de ellas son negativas.

Este mundo actual se enfoca en lo negativo, en lo carente, en las fallas de la propia vida o de la vida de los demás. Y con las personas cristianas pasa lo mismo.

Ponemos etiquetas, dejamos que otros nos pongan etiquetas o nosotros mismos nos ponemos etiquetas, se nos olvida lo que somos en Cristo Jesús. Y lo triste es que nos movemos bajo esa etiqueta y no con nuestro nombre: «hijo de Dios».

No dejes que las circunstancias te pongan una etiqueta y eso haga que te quites la corona. Si Dios dice que eres bendición, aunque parezca todo lo contrario y la gente piense todo lo contrario o te haga sentir otra cosa, tienes que actuar bajo lo que Dios dice de ti.

Cuando ejercía mi profesión vi mucha gente marcada por la forma en la que se referían de ellos. Tenían tantas etiquetas que no podían cambiar la forma de pensar de sí mismos, se veían con muy poco amor y muy poca capacidad de transformar su vida. Pero eso ocurre cuando no tienes

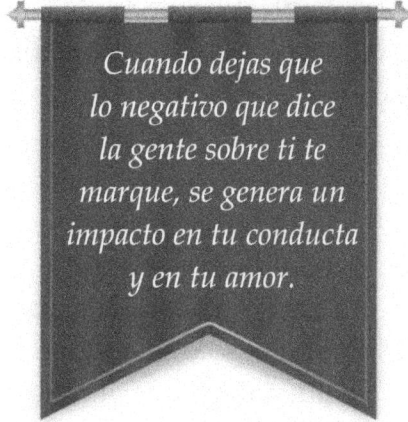

Cuando dejas que lo negativo que dice la gente sobre ti te marque, se genera un impacto en tu conducta y en tu amor.

la facultad de verte como lo que en verdad eres. Cuando dejas que lo negativo que dice la gente sobre ti te marque, se genera un impacto en tu conducta y en tu amor. Dios no nos ve de la misma manera en que nosotros nos miramos o como nos mira la gente; él mira nuestro corazón.

Por eso nuestro enfoque debe ser cuidar de nuestro depósito de amor y no dejar que se contamine con cosas negativas. En lugar de que las opiniones ajenas te afecten debes creer en lo que Dios dice acerca de ti: que eres bendición, que te ama, que tiene planes de bien para ti y no de mal, que él hace todo nuevo en ti.

Moisés es un ejemplo de lo que estoy hablando, Dios vio en él, lo que él no podía ver en sí mismo. Moisés le dijo a Dios (parafraseando): «cómo voy a hacer yo esta misión que me encargas si soy un asesino, soy un tartamudo» y Dios le respondió: «ve, porque yo voy contigo».

Moisés había dejado que las etiquetas que él se había puesto determinaran sus pensamientos sobre sí mismo; ¿cuáles?, que no era capaz de llevar la misión que Dios le había encomendado. Pero ¿sabes? Dios no vio en él esas etiquetas. Él no mira nuestras etiquetas, él nos mira como lo que somos: príncipes, y princesas. Las etiquetas se originan y tienen efecto cuando dejamos que Satanás nos susurre en el oído: «es verdad eso que piensas de ti; eso que dicen de ti, eso eres».

Pero cuando tú empiezas a reconocerte como bendición y no dejas que nadie, ni las circunstancias afecten lo que tú eres, abres las puertas al cambio, a lo positivo, a las bendiciones de Dios, a la expectación de recibir un milagro. Y no solo eso, el Espíritu Santo te capacita y te equipa con todo lo que te hace falta, solo tienes que pedirlo.

Es bueno reconocer nuestros defectos, nuestras fallas; entender que somos humanos, no somos perfectos. Pero lo negativo no tiene que limitarnos en nuestro crecimiento personal, profesional y espiritual. En nuestra debilidad es donde Dios se puede lucir. Es el escenario perfecto donde Dios es el personaje principal. Donde ese defecto o falla se convierte en un testimonio para la gloria de Dios. Donde la gracia de DIOS resalta más que nuestros defectos.

Yo vivía queriendo impresionar a una persona muy importante en mi vida: a mi esposo. Cada vez que me enfocaba en eso cometía un sinfín de errores. Por lo general yo soy muy despistada y tímida y, en consecuencia, suelo cometer errores. Lo peor es que mi esposo ya estaba con la expectativa de ver qué falla tendría.

Un día, muy frustrada, dije: «Dios por qué siempre que quiero impresionarlo fallo, me dejas en vergüenza» y Dios me responde: «es que no has entendido, no eres tú quien lo tiene que impresionar, sino mi GRACIA en ti». Y a partir de ahí me quité un gran peso de encima, dejo que Dios luzca en mí.

Otra persona de la Biblia que no dejó que sus circunstancias lo marcaran fue Jacob. A pesar de sus errores y problemas (porque él manipuló para recibir la bendición de su padre y su nombre hace referencia a lo que hizo) Dios vio en él bendición y obediencia. Eso generó la renovación de las promesas de su pacto.

...Y le dijo Dios: Tu nombre es Jacob; no se llamará más tu nombre Jacob, sino Israel será tu nombre; y llamó su nombre Israel.

Génesis 35:10

El nuevo nombre que le dio Dios a Jacob, Israel, significa en hebreo: «él lucha con Dios».

Siguiendo con Jacob[2], ahora Israel, cuando su esposa Raquel estaba dando a luz tuvo un parto difícil y doloroso, al punto que murió por ello, debido a esto, antes de morir, Raquel le puso a su hijo *Benoni*, que significa, en hebreo, hijo de mi aflicción o hijo de mi tristeza, pero Jacob le cambió el nombre, no permitió que etiquetaran a su hijo. Como él había sido marcado, no consintió que las malas circunstancias se constituyesen en la razón para marcar también a su hijo. Así que él le puso de nombre *Benjamín* que significa, en hebreo, hijo de mi mano derecha.

Hubo un padre que decidió romper la cadena escribiendo una historia diferente en su hijo. No porque a ti te llamaron bueno para nada, significa que tú tienes que llamar así a tus hijos. Rompe, ¡rompe la cadena y opera bajo el amor de Dios!

Un día llegó un adolescente a consulta por causa de un antidopaje que le hicieron en la escuela; le pregunté: «¿por qué empezaste a consumir droga?» me respondió que era para calmar su enojo, de ahí escuché su historia de rencor hacia su papá, que lo menos que hacía era demostrarle amor.

Después de citar a su mamá me di cuenta de que el papá también tenía una historia. Cuando él nació su mamá murió y no supo nada de su propio padre; quedó al cuidado de

---

[2] La historia de Jacob la encuentran en Génesis 25.

sus abuelos que con el tiempo se cansaron de él y hablaron de la idea de dejarlo en una casa-hogar; antes de que pasara eso, él decidió irse con un tío, pero en ese lugar fue abusado sexualmente por su tío, así que decidió irse y vivir por su propia cuenta enojado con la vida. Se casa y tiene una familia. La mamá del joven menciona que su esposo toma: «no es malo, no nos pega, trabaja, pero no convive con mis hijos, y cuando convive no hace otra cosa más que regañarlos, siempre está de mal humor. Lo único que hace es llamar a mi hijo con palabras malas y negativas».

De esta forma se introyectan las etiquetas, aquí vemos un ejemplo de cómo los problemas de uno han pasado a otros, marcando, con seguridad, a dos generaciones. Pero lo que a ti te suceda, por terrible que sea, no te da licencia para actuar así, ni para, pensar así de ti, y mucho menos trasmitirlo a tus hijos.

Uno tiene que tener el valor de ponerse su corona y vivir con el nombre que Dios nos dio: «hijos de Dios». Movernos bajo lo que establece Dios en su palabra, amándonos.

Hubo otro personaje en la Biblia, que no tenía quien abogara por él, que también su madre lo había dado a luz con dolor y le puso *Jabes*, que significa, en hebreo, dolor o aflicción, pero Jabes se dijo a sí mismo (parafraseando): «eso no me va a marcar, yo voy a ir con mi Padre y voy a pedir bendición»

El invocó Jabes al Dios de Israel, diciendo: ¡Oh!, sí me dieras bendición, y ensancharas mi territorio, y si tu mano estuviera conmigo, y me libraras de mal, ¡para que no me dañe! Y le otorgó Dios lo que pidió.

1 Crónicas 4:10

Esta historia de Jabes marcó un parteaguas en mi vida. Yo había escuchado varias veces, dicho por diferentes personas, que yo era muy débil, que lloraba por todo. Y era verdad, ¡lloraba por todo! Entonces, un día, cansada de esta actitud de mi parte, en oración le pedí a Dios: «quiero dejar de llorar por todo, sólo quiero llorar en tu presencia y quiero ser fuerte, quiero ser bendición»; Dios me respondió pasándome por un proceso de prueba, y un día me di cuenta de que había dejado de llorar por la prueba y en lugar de eso tuve paz y gracia. Entonces, Dios me dice: «te dije que eras fuerte, lo que tú piensas y otros piensan de ti no es lo que yo pienso de ti».

A partir de esta experiencia te puedo decir: anímate a quitarte toda etiqueta, ponte tu corona y actúa siendo como Dios te ve, una bendición.

> *Por encima de todo, vístanse de amor, que es el vínculo perfecto.*
>
> *Colosenses 3:14*

Oración

Padre, yo fui escogido por ti, tú me pusiste nombre, aun, antes de estar en el vientre de mi madre. Te doy muchas gracias porque pusiste tu mirada en mí, aun sin merecerlo, me escogiste para ser hijo tuyo. Hoy te pido que me bendigas con un nuevo nombre espiritualmente, que me quites toda etiqueta que haya marcado el curso de mi vida. Que sea tu mano poderosa en mi vida y la de los míos. Ayúdame a enfocarme en lo que tú piensas de mí y no en lo que la gente o yo mismo piense de mí. Que sea tu palabra, tus promesas, tu verdad, lo que dicte mi vida, te lo pido en el nombre de Jesús. ¡Amén! Gracias Dios por todo lo nuevo que estás haciendo.

Capítulo V

Sanando a través del amor

❀❀❀

uando Jesús murió por nosotros en la cruz, él no solo sanó nuestras dolencias físicas, sino también las del corazón. En mi humilde opinión, pienso que Jesús murió por una causa más profunda que la sanación física, pienso que él también se refería a esas heridas emocionales que afectan en lo profundo y por muchos años a las personas. Si el corazón está herido eso dificulta la capacidad de amar y perdonar. Y, ¿qué quiere Satanás?, un mundo herido, impulsado por el dolor y no por el amor.

Una persona puede soportar un dolor físico; ahora con tanta medicina es fácil quitar este tipo de dolencias, pero el dolor del alma, ese, requiere de una intervención sobrenatural. Hay seres que mueren con tanta amargura, rencor, sin perdonar y sin ser perdonados o amados. Hay otros que viven odiando, sin perdonar a quien los hirió, y esa persona que le causó daño ya ni siquiera vive; ¡qué tremendo!; vivir odiando a alguien, que ya no existe físicamente, por la gran falta de perdón.

¿Qué es el perdón?

Perdón es la voluntad sincera y amorosa de eliminar respuestas destructivas causadas por pensamientos y sentimientos negativos hacia quienes han infringido una ofensa o un mal acto en contra nuestra, renunciando, ante todo, al deseo de venganza.

Me gusta esta definición porque dice: «es la voluntad sincera y amorosa», nadie nos obliga a perdonar, pero tenemos que hacerlo por nuestro propio bien y por amor. El no perdonar puede generarnos muchas malas decisiones y malas consecuencias. Perdonar no es solo decirlo, sino que el perdón se active en nuestras vidas. Y, ¿cómo saber si he perdonado honestamente? Cuando dejan de existir en ti pensamientos y sentimientos negativos hacia esa persona, o inclusive en ti mismo, y en lugar de eso empieza a fluir en ti una paz. Ahí sabrás que has perdonado. Pero esto requiere de tiempo y de consistencia. Nadie sana de la noche a la mañana.

La autora, Louise L. Hay, del libro *Usted puede sanar su vida* menciona que el cáncer está relacionado con el resentimiento. Y buscando en Google la definición de resentimiento, resulta que es la incapacidad de perdonar. Muchas de nuestras dolencias o condiciones físicas tienen un trasfondo emocional. Puede ser que su estado actual de salud tenga un secreto muy arraigado en su vida. Si tiene problemas de salud esto podría ser el resultado de alguna situación de la que usted, quizás, no es consciente o no quiere aceptar la relación entre la circunstancia y la enfermedad. Nuestra poca capacidad para perdonar empieza a afectar nuestro cuerpo. Es simple, una persona amargada por su situación aparenta mucho más edad que una persona que es capaz de afrontar situaciones adversas con amor y con el perdón.

La autora Louise L. Hay, refiere en su libro que: «el amor es siempre la respuesta a una especie de curación».

La palabra de Dios refiere esto acerca del amor:

Todo lo disculpa, todo lo cree, todo lo espera, todo lo soporta.
1 Corintios 13:7

Me gusta lo que dice esta versión: «todo lo disculpa».

El perdón es la más grande expresión de amor; es un paso que requiere madurez para dejar a un lado las heridas y actuar en obediencia a Dios. Y no solo eso, cuando se perdona se tiene una comunicación y relación directa con Dios. Si vivimos bajo el resentimiento no podremos ser sensibles a la voz de Dios y bloqueamos el paso de la sanación o la respuesta a nuestras oraciones. Si estamos heridos no podremos hacer frente a las batallas de la vida. Por eso hay gente que se rinde de manera fácil, porque está herida. No ha perdonado, y las mismas dificultades de la vida la siguen hiriendo más.

Ahora, no solo nosotros seremos las víctimas, los heridos; en ocasiones seremos nosotros los que vamos a causar daño. ¿Por qué?, porque somos imperfectos, pero si el amor de DIOS prevalece en nuestras vidas, vamos a tener la humildad para pedir perdón.

Sería bueno tomar un tiempo y realizar un inventario de nuestra alma para saber si hay asuntos que todavía no se cierran por la falta de perdón. Y si usted no se acuerda, pídale al Espíritu Santo que le revele lo que necesita saber, luego coloque esos rencores orando ante el altar de Dios y logre así su liberación.

...Porque si perdonan a otros sus ofensas, también los perdonara a ustedes su Padre Celestial.
Mateo 6:14 (NVI, 1999).

Considera, además, que perdonar no siempre implica que tenemos que seguir teniendo una relación con la persona que nos hirió. No, no es así. Para explicar esto acudo al ejemplo de la violencia doméstica. Si la vida de una persona, o tu misma vida, corre peligro, hay que alejarse; perdonar no es mantenerse al lado de la persona que te golpea o que, en lugar de edificarte, te contamina; en esos casos ¡aléjate! Perdonar es un acto espiritual, emocional y mental, se trata de evitar que lo que te ocurrió afecte más tu área emocional, que cuando te mencionen o hables de alguien que te dañó no tengas un sentimiento negativo hacia esa persona o personas.

Sin embargo, así como hay situaciones que tienen como única salida el alejamiento, hay otros casos donde perdonar implicará rehacer tu matrimonio, convivir con la familia que te lastimó, rehacer amistades y hacer a un lado el resentimiento; implicará darles otra oportunidad y amarlos. Porque ahí, justo ahí, es donde nosotros revelamos nuestra esencia como hijos de Dios: amando y perdonando.

Un día mientras trabajaba en mi consultorio llegó una paciente nueva, una mujer de cincuenta años, alcohólica en recuperación (así se presentó ella). Cuando empezó a contarme su historia lo hizo con tanto dolor, amargura y llanto que parecía que lo que contaba había ocurrido ese mismo día, pero no había sido así, ya habían pasado muchos años desde los hechos que narraba. ¿Por qué le ocurría esto? Porque su herida estaba abierta, nunca sanó. Había sido violada por su tío cuando era una niña y su familia no le creyó; en consecuencia, su tío lo hizo en varias ocasiones más, hasta que ella llegó a la edad en la que se pudo valer por sí misma y se fue de su casa. Conoció al papá de sus hijos, el cual abusaba físicamente de ella y la prostituía para obtener dinero y mantener el vicio de los dos. No aguantó tanto el abuso físico que huyó y dejó a sus hijos con él.

Esta paciente causó mucho impacto en mí, perdí la cuenta de las sesiones que tuve con ella donde lo único que hacía era llorar con amargura. En este caso, ella no solo tenía que perdonar a sus agresores, sino también a sí misma por la culpa que sentía de haber abandonado a sus hijos y me decía: «pero no podía traérmelos, yo era una prostituta. Donde vivirían, correrían peligro, aparte, yo era alcohólica también». Me lo decía como si yo fuera a juzgarla por lo que había hecho, tuve que trabajar de inmediato el proceso del perdón, ¡tardamos meses! Hasta que un día recibió ese despertar y llegó con una sonrisa. Me dijo: «es el tiempo, ¡voy a buscar a mis hijos!». Fue un proceso largo, nada fácil y con ningún final como el de los cuentos de hadas. Pero cada vez tenía más fe, más amor en ella misma, más alegría por la vida, eso fue solo el inicio de todo un proceso, porque después les tocaría a los hijos vivir su proceso de sanación.

Yo escuché tantas historias, tanta gente herida queriendo anestesiar su dolor con alguna droga; la mayoría justificaba su consumo por el dolor. Pero el daño se lo generaban ellos mismos, el agresor seguía su vida o quizás ya no vivía.

Una vez escuché esto de una pastora por YouTube: «la falta de perdón es como tomarnos un veneno creyendo que le hará daño a la otra persona, pero no es así, es a nosotros mismos».

> ...la falta de perdón a quien afecta es a nuestra propia persona. Somos nosotros los que vivimos o viviremos una situación tóxica y eso perturba nuestra vida...

Y es verdad, la falta de perdón a quien afecta es a nuestra propia persona. Somos nosotros los que vivimos o viviremos una situación tóxica y eso perturba nuestra vida y la vida de los que están a nuestro alrededor.

Un día vi esta frase en el Instagram y me impactó en extremo: «¿sabes que aprendí de JESÚS? la traición nunca le quitó las ganas de amar» @el aroma de tu presencia.

A pesar de la traición que tuvo Jesús por un discípulo que, aparte, era su amigo, él siguió amando a la humanidad y después de eso murió amando y sabiendo que a partir de ahí el amor sería una fuente milagrosa para muchos de nosotros. Porque la mayor prueba que alguien te ha dado a ti de cuánto te ama es Jesús, quien murió por ti y por mí. ¿No te hace sentir eso profundamente amado? A veces nos preguntamos ¿dónde está DIOS?, en momentos de prueba, o, ¿dónde estaba?, cuando éramos niños inocentes viviendo circunstancias indignas, pero la verdad es que él siempre ha estado ahí, de hecho, estuvo antes de tu estar ahí. Por eso mismo nos dio el ejemplo más extraordinario de su amor hacia nosotros.

Yo no estaría escribiendo este libro si no hubiera perdonado y si no hubiera pedido perdón también.

En una ocasión estaba limpiando la cocina de mi casa y de repente me llegó una nube de pensamientos y sentimientos negativos recordando a una persona que me había decepcionado y dañado mucho; yo estaba reviviendo muchos recuerdos y mi respiración se aceleraba por causa del enojo que estaba sintiendo. De repente escuché esto tan fuerte en mi mente: «de la misma manera en que te amo a ti, le amo a esa persona, y así como a esa persona le rendiré cuentas sobre ti, a ti te rendiré cuentas sobre esa persona». Después de eso empecé a trabajar con el proceso del perdón. No ha sido fácil, he orado mucho y lo sigo haciendo, pero eso ya no roba mi paz.

No dejes que la falta de perdón sea un gigante en tu vida, destrúyelo perdonando y amando. Ora por la persona que te dañó, y sigue haciendo el bien. No permitas que el resentimiento y la amargura te hagan perder tu enfoque en DIOS y modifiquen tu verdadera esencia. Ponlo en el altar y deja que Dios obre con lo que parece imposible. Deja que el maestro repare lo irreparable y haga una nueva obra.

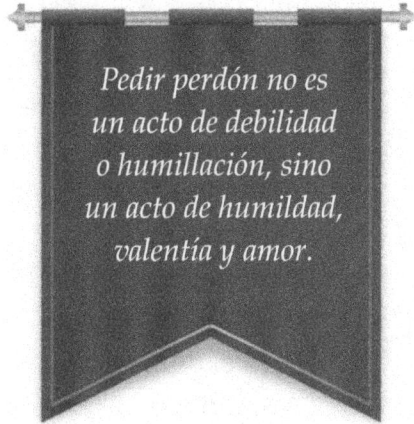

Pedir perdón no es un acto de debilidad o humillación, sino un acto de humildad, valentía y amor.

Ahora, si somos nosotros quienes tenemos que pedir perdón, debemos hacerlo. Pedir perdón no es un acto de debilidad o humillación, sino un acto de humildad, valentía y amor.

Debes estar consciente de que dependiendo del daño será el proceso de la otra persona en poder perdonarte. Pero eso ya depende del otro, de vivir su proceso, así que no forcemos el camino de sanación de nadie, solo podemos orar por ellos. Tu tarea es enfocarte en hacer el bien con esa misma persona y con los demás y, sobre todo, vivir en obediencia a Dios. Deja que DIOS llene tu vida de amor y vivirás el proceso con más facilidad.

El odio despierta rencillas; pero el amor cubrirá todas las faltas.
    Proverbios 10:12 Reina-Valera (RVR, 1960).

Con el perdón aprenderás...

- Solo sabrás lo fuerte que eres hasta que pases por un proceso.
- Solo conocerás qué tanto amor hay en ti hasta que perdones.
- Aprenderás que Dios usa el tiempo como un tratamiento para el alma, y el amor como anestesia para el dolor.
- Aprenderás a conocer a las personas por sus acciones y no por lo que dicen.
- Aprenderás que existen varios tipos de personas: las que hablan tanto de Dios y conocen tanto de Dios, pero conocen tan poco a Dios, y los que conocen a Dios y lo reflejan.
- El dolor y la traición serán una gran prueba donde se comprobará tu ADN como hijo de Dios, o reaccionamos a través del dolor como Satanás quiere, o dejamos ver nuestra verdadera esencia como hijos de Dios.
- Aprenderás que una señal de haber sanado será reírte por lo que antes llorabas.
- Aprenderás que, para tener menos decepciones, deberás tener más expectativas sobre Dios y menos sobre el hombre.
- Aprenderás que las personas van a fallarte, pero Dios nunca te fallará.
- Aprenderás que, a pesar del dolor, Dios acomodará todo para tu bien, por causa de su propósito.
- Aprenderás a recurrir a él cuando ya no tengas fuerzas; ahí, en el lugar secreto, donde te ungirá con aceite nuevo.
- Aprenderás a no tomarte nada personal, la mayoría

de las heridas que te han hecho son causadas por alguien con una gran falta de amor lidiando con sus propios conflictos emocionales y espirituales.

- Aprenderás que el acto más valiente será pedir perdón, y el acto más grande de amor será perdonar y olvidar.

Oración

Gracias, Dios, porque hemos tomado el valor de dejar lo pasado y entrar en una nueva temporada de perdón. Gracias por tu gracia que me ha permitido lograrlo, es solo tu inmensa gracia que me ha hecho perdonar y pedir perdón a los que he herido. Gracias por sanar todas mis heridas físicas, pero también las del alma. Gracias por darme la paz que necesito y recordarme de tu inmenso amor. Gracias Jesús por morir por mí en la cruz a causa de tu gran sacrificio. Ahora soy libre. Gracias por enseñarme a amar a pesar de la traición y ser un modelo de bondad y amor para los demás. Gracias te doy, en el nombre de Jesús. ¡Amén!

Capítulo VI

Operando a través de la culpa

❀❀❀

Una de las grandes oposiciones para vivir una vida plena que se le presenta a cualquier persona, ya sea cristiana o no, es el sentimiento de culpabilidad. Ese sentimiento puede ser tan destructivo como la falta del perdón. Uno de los autores intelectuales que hace que prevalezca ese sentimiento es el enemigo, recordándonos, cada vez que puede, lo malo que hemos hecho. La culpa detiene nuestro crecimiento en todas las áreas, en especial la espiritual.

Ese mismo sentimiento se puede convertir en nuestro propio enemigo, nos aleja de nuestro primer amor y nos hace volver a vivir de manera insana o impropia. Un porcentaje alto de los pacientes que atendí recaían por el gran sentimiento de culpa a causa del daño que habían hecho por la adicción; cuando ese sentimiento te domina te vuelves víctima. Recordemos que fué uno de los temas que tratamos con anterioridad; si uno no es lo bastante fuerte —y sobre todo si no estamos conectados a la fuente de la vida que es Dios— la culpa puede generar consecuencias muy lamentables como la adicción a una o varias drogas, o el suicidio.

Una vez, en una plática, escuché, a una persona decir que no se había bautizado en aguas porque se sentía indigno para dar ese paso importante en la vida de un cristiano. Así es como funciona la culpa, recordándonos nuestras fallas y nuestros pecados. Cuando fallamos dejamos de buscar a Dios por vergüenza, creemos que nos va a reprochar o a rechazar. Pero él no hace eso y no lo hará porque él conoce nuestra condición, sabe que somos polvo. Él nos creó, así que conoce a la perfección nuestras fallas y debilidades, por eso se adelantó en nuestras vidas con un plan perfecto para que tú y yo vivamos una ¡vida libre! sin culpa y llena de paz y nos ofreció a Jesús como el defensor de todos nosotros. Gracias a él usted fue perdonado de todo pecado.

...En quien tenemos redención por su sangre, el perdón de pecados según las riquezas de su gracia, que hizo sobreabundar para con nosotros.

Efesios 1:7-8

El amor incondicional de Dios hacia nosotros nos lo muestra la parábola del hijo pródigo que está en la Biblia. Cuando usted regresa a Dios, después de haber fallado, Dios lo recibe por amor. No es porque usted ya es perfecto y ya no fallará más; es por amor. La perfección que Dios quiere en nuestras vidas es la obediencia para aceptar su voluntad y no hacer la nuestra.

Me gusta mucho la historia de José, cuando sus hermanos le hacen un mal y Dios lo cambia todo para bien. Pero leí esta parte y me llamó la atención cómo se refleja la culpa que tenían los hermanos de José por haber hecho esa maldad.

15Al reflexionar sobre la muerte de su padre, los hermanos de José concluyeron: «Tal vez José nos guarde rencor, y ahora quiera vengarse de todo el mal que le hicimos». 16 Por eso le mandaron a decir: «Antes de morir tu padre, dejó estas instrucciones: 17 "Díganle a José que perdone, por favor, la terrible maldad que sus hermanos cometieron contra él". Así que, por favor, perdona la maldad de los siervos del Dios de tu padre».

Cuando José escuchó estas palabras, se echó a llorar. 18 Luego sus hermanos se presentaron ante José, se inclinaron delante de él y le dijeron:

—Aquí nos tienes; somos tus esclavos.

19 —No tengan miedo —les contestó José—. ¿Puedo acaso tomar el lugar de Dios? 20 Es verdad que ustedes pensaron hacerme mal, pero Dios transformó ese mal en bien para lograr lo que hoy estamos viendo: salvar la vida de mucha gente. 21 Así que, ¡no tengan miedo! Yo cuidaré de ustedes y de sus hijos.

Y así, con el corazón en la mano, José los reconfortó.

Génesis 50:15:21 (NVI, 1999).

Ellos sentían culpa a pesar del tiempo, ese sentimiento se manifestó cuando le dijeron a José «tómanos como esclavos». Pero José no les reprochó, sino que los perdonó y los reconfortó; reconfortar es dar ánimo, dar consuelo, es decir: «sabes que no pasa nada de aquí en adelante. Dejemos el pasado, Dios

> ...si usted tiene sus manos llenas de cosas viejas e inútiles y no las suelta, no podrá recibir lo nuevo.

transformó todo para bien». Así como ellos lo dejaron atrás, usted también suéltelo, déjelo ir. Imagine esto: si usted tiene sus manos llenas de cosas viejas e inútiles y no las suelta, no podrá recibir lo nuevo. Deje la culpa, no permita que Satanás lo controle con ese sentimiento. Dios te dice: «¡te he perdonado! cierra ese capítulo y enfócate en mí, búscame y yo guiaré tus pasos. No quiero que seas perfecto, pero sí obediente a mis mandamientos y a mi voluntad. Lo demás tráelo a mi altar y yo haré cosas nuevas».

8 Sobre todo, ámense los unos a los otros profundamente, porque el amor cubre multitud de pecados.

1 Pedro 4:8 (NVI, 1999).

Oración

Gracias, Dios, porque hemos tomado el valor de dejar lo pasado y entrar en una nueva temporada de libertad. Te pido que me llenes de paz y de aceite fresco para dejar atrás toda culpa que quiera interponerse en mi crecimiento espiritual y en tus propósitos. Recuérdame diariamente que tú pagaste un precio alto por mí, y que por ese pago soy redimido. Gracias te doy por tu amor y todo esto te lo pido en el nombre de Jesús. ¡Amén!

Capítulo VII

La bendición como una herencia de amor

❀❀❀

Siempre he pensado que la bendición es como una herencia de Dios otorgada por amor a nosotros. La veo como un legado, algo que va a marcar tu destino grandemente. Pero, por lo general, nos referimos a esa palabra como si no tuviera ninguna especie de valor. Lo decimos de manera fácil, como si fuera un dicho cualquiera o una costumbre, mi pensar sobre esto es que es algo de suma importancia bendecir a alguien, y mucho más valioso ser bendecidos por el mismo Dios, por el Todopoderoso.

Pienso en lo afortunados y privilegiados que fueron algunos personajes de la Biblia al haber sido bendecidos de forma tan directa por DIOS. Era muy importante ser bendecido por un padre (me refiero a la cabeza del hogar), o por algún representante de Dios en aquellos tiempos, porque eso trazaba el maravilloso plan que Dios tenía para ellos. A pesar de las dificultades sabían cuál era su destino referente a la promesa que Dios les había dado.

Me recuerda la historia de Esaú y Jacob en la Biblia. Cuando Jacob usurpó el lugar de su hermano e Isaac le dio la bendición a Jacob pensando que era Esaú.

²⁷ Jacob se acercó y lo besó. Cuando Isaac olió su ropa, lo bendijo con estas palabras:

«El olor de mi hijo es como el de un campo bendecido por el Señor. ²⁸ Que Dios te conceda el rocío del cielo; que de la riqueza de la tierra te dé trigo y vino en abundancia. ²⁹ Que te sirvan los pueblos; que ante ti se inclinen las naciones. Que seas señor de tus hermanos; que ante ti se inclinen los hijos de tu madre. Maldito sea el que te maldiga, y bendito el que te bendiga».

Génesis 27:27-29

En cuanto Esaú se enteró de esto se llenó de ira contra su hermano y le suplicó a su papá por una bendición. Imagínense todo lo que hizo Jacob y la ira de Esaú por obtener una bendición, que no era cualquier cosa, sino la activación de un destino.

Nosotros en la actualidad peleamos por bendición material. Incluso hay familias que terminan distanciadas al momento que se reparte la herencia de los padres porque su enfoque está en lo terrenal. No está mal ser bendecidos de esa manera, pero debemos reconocer que antes de la bendición material debe ser más importante la bendición espiritual.

...La bendición de Jehová es la que enriquece, Y no añade tristeza con ella.

Proverbios 10:22 (Reina Valera, 1960).

La bendición y la palabra profética son dos cosas distintas, pero cuando declaramos bendición sobre alguien o algo estamos activando una palabra profética.

A veces creemos que ser bendecidos significa tenerlo todo o, sobre todo, vernos enriquecidos en lo material; asimismo, pensamos que no somos bendecidos si estamos en pobreza. Pero no siempre es así. Dios puede bendecirnos de muchas maneras.

¿Qué es la bendición?

Etimología

Del castellano antiguo *bendecir*, y este del latín *benedīcere*, y este de *bene*, «bien», y **dicere**, «decir»

El término *bendición* proviene de un vocablo latino que hace referencia a la acción y efecto de bendecir. Este verbo, por su parte, es una forma de denominar la acción de alabar, ensalzar o engrandecer, de consagrar algo al culto divino o de invocar la bendición divina a favor de algo o de alguien.

Observamos que *bendecir* es invocar el favor divino por alguna persona u objeto. Y, ¿de dónde proviene esto?, de Dios. Invocamos su favor, su bien para nuestras vidas, también alabar a Dios cuando escucha nuestras oraciones es una forma de bendecirlo a él en todo tiempo, incluso cuando no responde, no porque no quiera, sino por su voluntad en nuestras vidas.

Hay gente bendecida con dinero, pero espiritualmente están en pobreza. Asimismo, hay gente pobre o sin recursos y también pobre de espíritu. Hay gente rica, en depresión y hay gente pobre, también en depresión. Me voy a los dos extremos para explicar que el estatus económico no determina por completo la palabra bendición. Estar bendecido no es, en rigor, tener o no bienes materiales.

Desde mi punto de vista estar bendecido es estar en paz y en gozo ante cualquier circunstancia, en todo tiempo, en toda situación financiera y sentirnos bendecidos con el plan de Dios en nuestras vidas. Todos tenemos propósitos diferentes en la tierra. Dios repartió a todos dones, habilidades, vocaciones, por eso cada uno de nosotros formamos, según su propósito, parte del cuerpo de la Iglesia. ¡No podríamos ser todos, todo!, o todos ejercer una misma función, tal como doctores, porque faltarían los maestros quienes formarían al doctor, los arquitectos para diseñar el edificio, los albañiles para crear la estructura. Todos formamos parte de un propósito, todos

> *...estar bendecido es estar en paz y en gozo ante cualquier circunstancia, en todo tiempo, en toda situación financiera y sentirnos bendecidos con el plan de Dios en nuestras vidas.*

somos importantes y debemos sentirnos como bendición. No podemos limitar la palabra bendición solo a un estatus económico o social.

Trato de expresar con esto que la bendición debe ser vista como algo espiritual que procede de lo divino, cuando aceptamos a Jesús estamos proclamando que el reino de Dios se establezca, así como en el cielo también en nuestras vidas y el reino de Dios significa operar bajo sus preceptos; al actuar en obediencia, Dios nos bendice según su propósito para nosotros. La llave de acceso para vivir una vida bendecida es Jesús, quien es el único que lo llena todo. Vivir una vida con plenitud es teniendo a Jesús en nuestras vidas.

> [22] Dios sometió todas las cosas al dominio de Cristo,[a] y lo dio como cabeza de todo a la Iglesia. [23] Esta, que es su cuerpo, es la plenitud de aquel que lo llena todo por completo.
> Efesios 1:22-23 (NVI, 1999).

Bendecir y ver la bendición a la manera de Cristo hará que dejemos de darle importancia a lo que no lo tiene; valorar en nuestras vidas las cosas que no se compran, las que solo Dios puede otorgar por amor a nosotros. La salvación personal es la herencia más importante que Dios nos ha dado por medio de Jesús.

Un día escuchaba a un predicador por televisión, quien hacía énfasis sobre la bendición económica y decía algo así: «Si yo vengo con un saco todo roto y zapatos viejos ustedes van a querer de esta bendición. Ustedes, ¿buscarían esta misma bendición?».

Pero si lo miramos desde la manera de Cristo, él andaba en huaraches, no tenía un cheque mensual o quincenal, no tenía una casa propia o un saco de miles de dólares. Aunque no está mal pensar que la buena situación económica es una **bendición**, no debemos encerrar la palabra *bendición* en solo eso. El mismo Jesús andaba en burro, porque a él no lo movía lo terrenal, sino lo espiritual. Él estaba encargado de los negocios de su padre, pero se refería a ganar almas para el reino de Dios.

La bendición no solo la encontramos en los tiempos de «oasis espirituales» donde todo va fluyendo en paz, en abundancia, en gozo, en victoria sin ningún problema en la vida.

También se puede estar bendecido en los desiertos, en los procesos, cuando es la voluntad de Dios que pasemos por circunstancias que nos ponen a prueba. Ahí mismo estamos bendecidos. No podemos pensar que Dios ha dejado de bendecirnos por meternos en un desierto; al contrario, debemos reconocer que ahí mismo Dios está con nosotros.

Me recuerda la historia de Agar, ella era esclava de Sara. Cuando, por órdenes de la misma Sara, Abraham despidió a Agar y a su hijo, ambos empezaron a caminar sin rumbo fijo en el desierto. Pero ahí, en el mismo desierto, Dios oyó la voz del niño y le dijo a Agar:

18«Levántate y tómalo de la mano, que yo haré de él una gran nación».

19En ese momento Dios le abrió a Agar los ojos, y ella vio un pozo de agua. En seguida fue a llenar el odre y le dio de beber al niño. 20 Dios acompañó al niño, y este fue creciendo; vivió en el desierto y se convirtió en un experto arquero...

Génesis 21:18-20 (NVI, 1999).

Dios lo bendijo con una promesa, estuvo con él, proveyó en el desierto y lo llenó de habilidades para que pudiera sobrevivir en ese ambiente. Dios nos bendice aun en el desierto, su presencia no nos deja, nos equipa y provee lo necesario para subsistir.

La única forma de no ser bendecido es estando lejos de Dios, una de las maneras de identificar cuando una bendición es de parte de Dios, es eso, no nos aleja de él, sino al contrario, seguimos con la fuente de donde provienen las bendiciones. Es preferible estar en medio de la aridez con la presencia de Dios, a estar en un paraíso sin Dios, porque te sentirás más seco y sediento que en un mismo desierto.

Es bueno tener metas, logros, éxito y cosas materiales, yo misma siempre quiero lograr algo, pienso darle siempre lo mejor a mi hija, pero antes de todo eso lucho por tener mi mirada en Dios, el dueño de todo. Me sentiría malagradecida si no pongo como prioridad al que me ha dado lo que tengo, quien puso su mirada en mí y me eligió, incluso, con todos mis defectos. La ofrenda más auténtica que yo le puedo dar es un agradecimiento en los procesos de prueba y de escasez. Me gozo cuando todo va bien en mi vida, pero también he aprendido a buscarlo y adorarlo cuando no responde ciertas oraciones, cuando las cuentas del banco no están tan altas, cuando hay pruebas en mi vida, eso me hace sentir que lo busco por quien es Dios en mi vida: mi padre, no solo mi proveedor o mi pastor, sino como aquel padre amoroso que siempre estará ahí para mí.

> [7] »*Solo dos cosas te pido, Señor; no me las niegues antes de que muera:* [8] *Aleja de mí la falsedad y la mentira; no me des pobreza ni riquezas, sino solo el pan de cada día.* [9] *Porque teniendo mucho, podría desconocerte y decir: "¿Y quién es el Señor?" Y teniendo poco, podría llegar a robar y deshonrar así el nombre de mi Dios.*
>
> Proverbios 30: 7-9

El inconformismo

Una de las cosas que impiden ver las bendiciones de Dios en nuestras vidas es el inconformismo. Es enfocarnos en lo que nos hace falta, en lo que no tenemos. Eso nos hace sentir y pensar que no somos bendecidos por Dios.

En esa área se mueve Satanás, que te va a tentar con lo que no tienes, a hacer que quieras las bendiciones de otros y minimices las tuyas para que dejes de verte como bendecido, o para arruinar las bendiciones que Dios tiene hacia ti. Caemos en la tentación de Satanás creyendo que suplirá lo que nos falta, pero, en realidad, lo único que él hace es restarle a nuestras vidas.

Adán y Eva estaban bastante bendecidos, podían comer los frutos de cualquiera de los árboles excepto de uno: el árbol del fruto prohibido. Entonces la serpiente manipuló a Eva y la hizo comer de ese árbol que no era parte de la bendición para ellos porque Dios les había dado esa instrucción. Dios les dijo: «Estas son tus bendiciones puedes agarrarlas, menos de este árbol» (parafraseando). Ese árbol que les estaba prohibido fue el escenario que la serpiente utilizó para desenfocarlos de todo lo demás y desobedecer a Dios.

Esta historia se refleja en nuestras vidas. Estamos viendo siempre lo que no tenemos. Hay familias destruidas por la infidelidad. Porque el esposo o la esposa vieron en otra persona algo que no tenían en su propia pareja. O gente haciendo engaños o malos negocios por tener lo que otros tienen. Hay padres desvalorizando a sus hijos por ver más sus defectos que sus virtudes, asimismo en los matrimonios o en todas las relaciones interpersonales.

En el caso de los matrimonios, la mayoría de los problemas que empiezan a surgir es a causa de la poca capacidad para ver lo positivo de la pareja; por el contrario, están más enfocados en sus defectos, fallas y carencias. Al centrarse solo en los inconvenientes empieza a surgir el inconformismo, a sentirse no satisfechos por la pareja que tienen. Es ahí donde surgen otros problemas matrimoniales, este es el origen de todos ellos.

Por otro lado, hoy en día la cirugía plástica ha sido una alternativa para llenar muchos complejos a causa del inconformismo personal. De hecho, se ha escuchado decir que hay personas adictas a la cirugía plástica. Pero yo no lo vería así. Para que sea llamada adicción debe existir obsesión, compulsión, necesidad de búsqueda y síntomas de abstinencia solo por mencionar algunas manifestaciones, más bien yo lo vería como una gran falta de aceptación y de amor propio. No estoy en contra de las cirugías, pero si el inconformismo es interior no habrá ningún cambio físico que te haga sentir feliz con tu aspecto físico.

Hay gente cambiando de Iglesia, trabajo, lugar de residencia, de amistades, porque están enfocados en lo que no tienen; tomando malas decisiones porque piensan que están en un plano donde pareciera que no hubiera bendición.

Cuando llegué a los Estados Unidos estaba obsesionada por tener una casa, recuerdo que la mayoría de mis oraciones y pensamientos giraban en torno a que Dios me bendijera con una casa. Hablando con Dios le decía: «el día que me bendigas con una casa voy a ser muy feliz». Dios me bendijo con una hermosa casa; un día me senté en el sillón de mi casa y observé una gran falta de muebles y decoraciones. Hablé con Dios de nuevo y le dije: «Señor, el día que toda mi casa este amueblada y decorada voy a ser muy feliz»; entonces, de inmediato, el espíritu de Dios me dijo: «si no eres feliz con esto que te di, no vas a ser feliz con nada más que te vaya a dar».

Siempre estamos observando lo que nos falta y no lo que tenemos. A la mayoría de nosotros se nos pasa la vida pensando en las bendiciones futuras, sin valorar las que tenemos el día de hoy; así como hay otras personas recordando el pasado. Esas son estrategias que utiliza el enemigo para que no veas las bendiciones presentes. Pienso en Jesús que no se movía por las cosas materiales, él sabía dónde estaba su herencia: en el cielo. La verdadera riqueza empezará desde nuestro interior, cuando dejemos que el Espíritu de Dios nos llene de lo que necesitamos, estando en cualquier plano de nuestras vidas.

En la historia del hijo pródigo cuando el hijo mayor se enoja con su padre, por la forma en que recibió su padre a su hermano menor: le puso la mejor ropa, un anillo, sandalias, e hicieron un becerro engordado en alegría de que su hijo pródigo había vuelto, el hijo mayor le reclama al papa: «a mí no me has dado nada de lo que a él le has dado» (parafraseando) y el padre le respondió: «tú siempre has estado conmigo y todo lo mío es tuyo». Él siempre estuvo bendecido, pero no se sintió así porque no tenía lo que el padre le había dado al hermano menor.

Un día, acercándose la Navidad, mientras mi niña estaba en la escuela aproveché para envolver algunos detalles dirigidos a mi familia que iba a pasar esos días en mi casa. Yo estaba muy contenta de que mis padres pasaran por primera vez una Navidad en mi hogar, así que me adelanté a poner algunos regalos en el árbol, por puro gusto de mirarlos en el pinito. Los de mi hija los tenía guardados para el Día de la Navidad con el fin de seguir una costumbre que mis papás nos habían inculcado en mi infancia.

Cuando fui por mi hija al colegio, se subió al carro y le expliqué lo siguiente: «vas a llegar a la casa y vas a ver unos hermosos regalos en el arbolito de Navidad, pero esos regalos no son tuyos, son para la familia que va a venir a pasar esos días con nosotros. Los tuyos están reservados para el Día de la Navidad. Solo tendrás que esperar y ser paciente; los tuyos los vas abrir cuando sea el momento». Ella me respondió: «¡OK mamá!» y yo pensé que había actuado de una forma madura. Cuando llegamos a la casa miró todos los regalos y empezó decir: «no hay ningún regalo para mí, yo quiero uno, ¡quiero abrir un regalo!». Estaba tan encaprichada con la idea de abrir un regalo para ella que le dije: «bueno, abre uno y veremos si te gusta», abrió uno que contenía una blusa pequeña y al verla me dijo: «esta blusa no me queda». Entonces aproveché para explicarle de nuevo y le señalé: «Te lo dije, estos no son tuyos, los tuyos van a tener tu nombre, tu talla y serán los propios para tu edad». El Día de la Navidad abrió más regalos de los que yo tenía para la familia y le dije: «esto fue porque fuiste paciente y esperaste lo tuyo».

En ocasiones así nos comportamos los adultos, queriendo tomar lo que no es nuestro, lo que no es de nuestra talla, lo que no es apropiado para nuestra vida por pensar que no recibiremos nada de parte de Dios, o por no sentirnos bendecidos en comparación a otros. Por esa misma razón nos metemos en tantos problemas con consecuencias que atrasan nuestras bendiciones.

Nuestras bendiciones tienen nuestro nombre. Ya están destinadas a nosotros desde antes de nuestro nacimiento y están basadas en el propósito que tiene Dios para nuestras vidas.

Solo recordemos a Dios en los tiempos de riqueza y abundancia para que nunca se nos olvide quien nos lo dio. Así también, en tiempo de escasez, recordemos que Dios es nuestro pastor y nada nos faltará.

> [3] *Alabado sea Dios, padre de Nuestro Señor Jesucristo, que nos ha bendecido en las regiones celestiales con toda bendición espiritual en Cristo.* [4] *Dios nos escogió en él antes de la creación del mundo, para que seamos santos y sin mancha delante de él. En amor* [5] *nos predestinó para ser adoptados como hijos suyos por medio de Jesucristo, según el buen propósito de su voluntad...*
>
> *Efesios 1:3-5*

Oración

Padre, estamos agradecidos contigo porque hasta el día de hoy tú has sido fiel, tú has provisto para cada día conforme a tu voluntad en mi vida. Puedo reconocer que en tiempos de abundancia y de escasez tú sigues conmigo, eso no cambia nada en ti. Así mismo, te pido que tú obres en mi vida interior para que nada exterior influya en mi bendición espiritual. Que mi mirada esté en los tesoros del cielo y en tus promesas para mí. Que antes que todo pueda ver la morada que tienes para mí en el cielo. Que nada me deslumbre aquí en la tierra, pero que tampoco deje de tener motivos para luchar por mis bendiciones. Solo mantén mi corazón y mi mirada en ti, que tu paz, tu gozo, tu amor me hagan sentir plena en cualquier temporada y circunstancia de mi vida. También te pido que seas tú quien me dirija para todo, que seas tú quien abra y cierre puertas. Que siempre me confirmes tu voluntad en mi vida. Que tu bendición siempre esté conmigo porque sé que fuera de ti no soy nadie. Que solo es por tu gracia todo lo que poseo. Gracias te doy por tanto y sobre todo por todo lo que haces por mí, en el nombre de Jesús. ¡Amén!

Capítulo VIII

Destruyendo gigantes

❀❀❀

lguna vez escuché que un día lluvioso es el escenario ideal para que la inspiración llegue. Este día amaneció lloviendo, estoy sentada en mi comedor frente a la ventana y al parecer esa teoría sí queda confirmada, pero también sé que hay una inspiración más allá de la lluvia. Es la voz que el Espíritu Santo pone en el corazón de una persona enviando una palabra fresca del cielo a alguien que lo necesite. En esta mañana estoy tratando de bajar y codificar lo que el Señor ha puesto en mi corazón en este escrito. Mi objetivo es identificar lo que obstaculiza el crecimiento espiritual, las bendiciones; saber qué es lo que impide llegar ante la presencia de Dios, y así mismo dejar que Dios derribe, por medio de su amor, cualquier gigante que haya en nuestras vidas que impida que su propósito y su amor se establezcan en cada uno de nosotros y en nuestros seres amados.

Uno de los gigantes más grandes que he vivido y he visto en muchas personas, es este gigante llamado *miedo*.

¿Qué es el miedo?

El miedo es una perturbación del ánimo que causa angustia por un riesgo que puede ser imaginario o real, no sólo del presente, sino también del pasado o del futuro.

Hoy en día existen un sinfín de miedos, yo misma tengo una lista grande en mi computadora, y cada uno de nosotros puede tener sus propios miedos. Estos impiden nuestro crecimiento espiritual, personal, familiar, laboral, ministerial... afectan en muchas áreas de nuestras vidas.

He escuchado decir en algunas predicaciones que el miedo es la ausencia de la fe, pero yo pienso —en mi humilde opinión— que el miedo es la ausencia del amor de Dios en nuestras vidas, esto se origina cuando no estamos conectados con él. Ahí empieza a surgir un debilitamiento en nuestra fe, porque dejamos de pararnos en la roca firme. Cuando nuestro fundamento no es sólido y estable, cualquier cosa puede mirarse como un gigante. Cuando no tenemos una relación diaria con Dios nos empezamos a enfriar, nos alejamos de él, olvidándonos de sus promesas. Cuando esto sucede, el enemigo viene a perturbar nuestras vidas con esta emoción llamada miedo. Es ahí cuando dejamos de creer en la palabra de Dios, empezamos a llenar nuestros pensamientos de cosas negativas, de duda, los cuales aumentan el miedo, y estos a su vez debilitan nuestra fe en Cristo Jesús. Nos preguntamos, ¿será que Dios hará lo imposible posible?, ¿será que Dios obrará en dicha situación?, ¿será que Dios

> *Cuando nuestro fundamento no es sólido y estable, cualquier cosa puede mirarse como un gigante.*

podrá hacerlo?, ¿Dios cumplirá lo prometido? ¿Estás aquí conmigo, Dios?, estas cuestiones, y más, surgen cuando tu eje gira alrededor de tus situaciones y emociones, no en el amor de Dios.

En el amor no hay temor, sino que el perfecto amor echa fuera el temor; porque el temor lleva en sí castigo. De donde el que teme, no ha sido perfeccionado en el amor.
1 Juan 4:18 (RVR, 1960).

Cuando vas a la presencia de Dios, que es el origen del amor, el concepto real de amor, la fuente donde nace este hermoso sentimiento, empiezas a llenarte de él, no hay espacio para nada más en tu vida que vivir amando, confiando en aquel que te ama de forma incondicional, que lo único que quiere para tu vida son cosas de bien y no de mal. Esto es difícil de recibirlo cuando uno se encuentra frente a la prueba, pero si pensamos en que como padres haríamos cualquier cosa por nuestros hijos, debemos confiar que él también lo hará por nosotros.

1 Y Jehová habló a Moisés, diciendo: 2 Envía tú hombres que reconozcan la tierra de Canaán, la cual yo doy a los hijos de Israel; de cada tribu de sus padres enviaréis un varón, cada uno príncipe entre ellos. 3 Y Moisés los envió desde el desierto de Parán, conforme a la palabra de Jehová; y todos aquellos varones eran príncipes de los hijos de Israel. (...) 25 Y volvieron de reconocer la tierra al fin de cuarenta días. 26 Y anduvieron y vinieron a Moisés y a Aarón, y a toda la congregación de los hijos de Israel, en el desierto de Parán, en Cades, y dieron la información a ellos y a toda la congregación, y les mostraron el fruto de la tierra. 27 Y les contaron, diciendo: Nosotros llegamos a la tierra a la cual nos enviaste, la que ciertamente fluye leche y miel; y este es el fruto de ella. 28 Mas el pueblo que habita aquella tierra es fuerte, y las ciudades muy grandes y fortificadas; y también vimos allí a los hijos de Anac. (...) 30 Entonces Caleb hizo callar al pueblo delante de Moisés, y dijo: Subamos luego, y tomemos posesión de ella; porque más podremos nosotros que ellos. 31 Mas los varones que subieron con él, dijeron: No podremos subir contra aquel pueblo, porque es más fuerte que nosotros. 32 Y hablaron mal entre los hijos de Israel, de la tierra que habían reconocido, diciendo: La tierra por donde pasamos para reconocerla, es tierra que traga a sus moradores; y todo el pueblo que vimos en medio de ella son hombres de grande estatura. 33 También vimos allí gigantes, hijos de Anac, raza de los gigantes, y éramos nosotros, a nuestro parecer, como langostas; y así les parecíamos a ellos.

Números 13:1-33

Esta historia fue la inspiración de este libro, Jehová dijo: «vayan, reconozcan la tierra de Canaán la cual yo doy», no dice: «les voy a dar», sino que ya era un hecho que dicha tierra pertenecía a ellos, solo tenían que confiar en que vencerían dichos obstáculos, pero ellos vieron muchos gigantes; tanto fue su miedo que la percepción de ellos mismos cambió para verse como langostas y no como príncipes.

Hay promesas, proyectos, milagros, respuestas, bendiciones que Dios ya nos dio, pero no podemos tomarlas por nuestra poca confianza en él. El miedo nos hace huir y no enfrentar los procesos que Dios manda para certificarnos y llegar a su propósito. Tenemos miedo ante las pruebas y batallas, y dejamos de confiar en Dios cuando vemos frente a nosotros dichos gigantes. No permitas que las pruebas te hagan verte como langosta, tú eres un hijo de Dios.

22 todos los que vieron mi gloria y mis señales que he hecho en Egipto y en el desierto, y me han tentado ya diez veces, y no han oído mi voz, 23 no verán la tierra de la cual juré a sus padres; no, ninguno de los que me han irritado la verá. 24 Pero a mi siervo Caleb, por cuanto hubo en él otro espíritu, y decidió ir en pos de mí, yo le meteré en la tierra donde entró, y su descendencia la tendrá en posesión.

Números 14:22-24

¿Sabes?, hay bendiciones destinadas a nosotros que están detenidas por nuestra incredulidad. Pero hubo un valiente que pudo entrar en esa tierra porque su espíritu fue diferente, y, ¿sabes qué espíritu quiere Dios en nosotros?, uno obediente, que confiemos aun cuando se levanten gigantes; porque mayor es Dios que cualquier temor y batalla por la que estemos atravesando.

Cuando yo llegué al país de los Estados Unidos me llené de miedos, había dejado mi profesión, toda una vida, y significaba empezar de nuevo. El progreso fue lento para mí, pero no porque Dios así lo quisiera, sino a causa de mis miedos, tenía miedo de salir y manejar debido a que por falta de mi inglés no traía licencia de manejo de este país, mi zona de confort era mi casa. Salir de ella me llenaba de temor y ansiedad. Dependía de mi esposo para muchas cosas, hasta para hablar. Estaba, y aún estoy, en el proceso de aprender inglés. Ser independiente y dominar mis miedos me tomó tres años. Podían haber sido menos, pero me dejé intimidar por muchos gigantes. Se debe considerar que los culpables en realidad no son ellos, sino mi falta de conexión con Dios: sabía de Dios, escuchaba de Dios, pero no conocía a Dios estrechamente. Escribir este libro también me tomó tiempo, necesitaba dejar a un lado otros miedos. Sentía temor a las críticas, me preguntaba qué dirían de mí si sabían que escribí un libro (ya que tengo una vida muy ordinaria). Pero un día escuché una voz fuerte dentro de mí que me dijo: «si no lo haces le voy a dar la inspiración a alguien más», entonces me acordé de cuando Moisés le preguntó a Dios quién era él para hacer semejante tarea, y Dios respondió (parafraseando): «yo estaré contigo. O sea, ve y haz lo que te mando a hacer porque no es quien tú eres, sino el que te manda a hacerlo».

Cuando Dios te ordene algo, ve y hazlo, sé obediente. Cuando es propósito y plan de Dios se levantarán gigantes a causa del llamado. No te intimides, no tengas miedo, que mayor es el que está contigo que el que está en el mundo. No huyas del proceso ni temas, porque la bendición de Dios siempre es más grande que el proceso por el que estés atravesando. Ni yo misma sé que va a pasar con este libro. Pero eso ya no depende de mí, sino de Dios, yo fui valiente y obediente. Ahora solo me toca descansar en su gracia. Solo de una cosa estoy segura: pude demostrarme lo capaz que soy al vencer algunos temores personales con este libro. Pude vencer mi incredulidad y ser sensible a la voz de Dios en mi vida, sabiendo que mi padre celestial cuida de mí y de los míos.

En el día que temo, yo en ti confió.
Salmos 56:3 (RVR, 1960).

Quería demostrarles a varias personas que podía ser capaz de vencer mis miedos, pero me di cuenta de que a la única persona a quien se lo tenía que demostrar era a mí misma. Y, ¿sabes qué es lo más asombroso?, que Dios sabía que yo era capaz, aunque mi mente negativa me hacía verme muchas veces como una langosta.

Los procesos, batallas y pruebas están hechos a tu capacidad, Dios nunca te va a mandar por un proceso que no puedas vencer. Incluso hay batallas que él mismo pelea por ti, solo tienes que descansar en su amor como hijo de Dios.

Hay metas en nuestras vidas que no realizamos porque empezamos a escuchar comentarios negativos, incluso de nosotros mismos. Pero necesitamos aprender a no escuchar lo que las personas digan de ti, incluso lo que tú mismo pienses de ti. Porque los pensamientos de Dios sobre ti son más altos. Él no quiere personas perfectas, sino personas dispuestas y obedientes. Él mismo se encargará de capacitarnos.

Vive amando y haciendo el bien. No tengas miedo de amar que eso trae cosecha, no siempre cosecharás en la persona en que siembras, pero espigará en otro lugar y en su momento, eso es por seguro. Ama como Dios manda. Deja de desear controlar a otras personas, incluso, deja de poner condiciones a Dios mismo.

El autor Robert Fisher del libro *El caballero de la armadura oxidada*, cita esto en su obra: «la necesidad de controlar nace del miedo, y cuando controlas a una persona no puedes amarla».

Por ahí leí, o escuché, esta pregunta: «¿Qué harías si no tuvieras miedo?» Pero yo haría mejor esta otra pregunta: «¿Qué harías si confiaras en Dios a plenitud?». Cuando confiemos en que el Dios que conocemos es ilimitado y haría cualquier cosa por nosotros, le creeremos y descansaremos por entero en sus promesas.

En algunas ocasiones he escuchado decir: «hice el trato de palabra» y la persona confía en que el otro cumplirá con el acuerdo solo por su palabra. La mayoría cumple y otros no, pero el punto es: si somos capaces de confiar en una persona —que como humana está limitada— cuánto más no confiar en nuestro Dios quien no está limitado, y cuyas promesas nunca fallan. El factor aquí importante, o clave, para que su palabra se cumpla en nuestras vidas es creer, en ocasiones necesitamos tener una confianza a ciegas. Depositar el cien por ciento de nuestra fe en aquel que nos ama sin condiciones, nuestro creador. He aprendido que uno no tiene que entenderlo todo, solo fluir y aceptar la voluntad de Dios, por encima de cualquier temor.

Cuando la palabra de Dios la codifiquemos desde nuestro corazón (no desde la mente, sino desde el corazón) podremos vivir confiando en sus promesas. Con esa herramienta desarmamos las mentiras del enemigo que nos llevan a tener miedo. La única manera de vencer los miedos es conociendo la verdad y viviendo en la verdad.

Acepte los retos de Dios en su vida. Y cuando Dios lo mande a hacer algo para su gloria, sea obediente. No tema, Dios lo equipará y su gracia irá con usted. A donde Dios lo quiera llevar usted sea obediente porque es él quien lo manda. En cualquier área de su vida solo deje fluir su voluntad porque Dios es un Dios de propósitos.

Y Jehová va delante de ti; él estará contigo, no te dejará, ni te desamparará; no temas ni te intimides.
Deuteronomio 31:8 (RVR, 1960).

Oración

Gracias, Dios, por ayudarme a ser esforzado y valiente sabiendo que tú, Dios, eres Todopoderoso, que para ti nada, nada es imposible. Que tú das valor a los que no tenemos, y que tú vas por delante como poderoso gigante, abriendo camino donde no lo hay, quitando de nosotros todo miedo que impida llevarnos al nivel, lugar y propósito que tú tienes para nosotros. Hoy te pido que nos des una gracia fresca para llevar a cabo tu voluntad en nuestras vidas, que no siempre es fácil, pero siempre será lo mejor para nuestras vidas; porque para los que te aman todas las cosas obran para bien. Pon en mí un espíritu obediente. Gracias, Dios, te damos, porque tú sigues haciendo cosas nuevas en nuestras vidas. Te amamos y a ti sea toda la gloria y toda la honra. Oramos en el nombre de Jesús. ¡Amén!

Capítulo IX

Muévete en el amor

❂❂❂

n el año 2003 se lanzó en la radio una nueva canción llamada «¿Where is the love?» (¿Dónde está el amor?), del grupo The Black Eyed Peas, esta canción surgió a causa de los lamentables atentados terroristas que habían sufrido en los Estados Unidos. Me llaman la atención algunas estrofas de esta pieza musical:

> *Padre, padre, padre, ayúdanos*
> *envía alguna guía desde arriba*
> *porque la gente me atrapó, me hizo cuestionar*
> *¿Dónde está el amor?*

Cuando pasamos por cosas lamentables como estas en nuestros países, hogares, escuelas, Iglesias, en nuestros matrimonios; cuando hay ataques de maldad hacia nosotros y nuestros seres queridos tal vez nos hemos llegado a preguntar eso mismo «¿Dónde está el amor?», o más bien «¿Dónde está Dios?», ¿le has preguntado esto a Dios cuando te encuentras en un campo de batalla, donde hay más dolor en tu vida que otra cosa? Yo sí, y lo he hecho en muchas ocasiones, también me he preguntado: ¿Por qué hay gente por el mundo dañando a otras personas?, ¿por qué hay gente sin pasión en lo que hace en su vida?, los enfoques ya no están dirigidos hacia movernos por amor, sino por otros intereses que no tienen nada que ver con lo que lo que la palabra de Dios nos enseña.

Volviendo a la estrofa de esta canción, para mí la respuesta sería que el amor está en Dios, porque el amor nace de Dios. En esta misma estrofa le piden a Dios una guía; la guía es la Biblia, es su palabra. El mundo está en desorden, envuelto en un amor egoísta y superficial, a causa de que la palabra de Dios es dejada a un lado y utilizada, en ocasiones, a nuestra propia conveniencia.

> *El que no ama no conoce a Dios, porque Dios es amor.*
> *1 Juan 4:8 (NVI, 1999).*

Otra estrofa de esta misma canción dice:

> *Si el amor y la paz son tan fuertes.*
> *¿Por qué hay piezas de amor que no pertenecen?*
> *Naciones arrojando bombas*
> *gases químicos que llenan los pulmones de los pequeños.*
> *Con el sufrimiento continuo a medida que los jóvenes*
> *mueren jóvenes.*
> *Entonces pregúntate ¿El amor realmente se ha ido?*

El amor no se ha ido, el amor está en cada uno de nosotros, es solo que no lo hemos activado. Estamos tan ocupados en nuestras propias dolencias, en nuestras situaciones diarias, en ser el número uno produciendo números en el trabajo, en la Iglesia, en las cuentas bancarias; estamos absortos siendo el número uno en señalar lo que está mal del otro. Estamos perdiendo el enfoque a causa de la amargura, el rencor y los problemas de la vida. La única manera de activar el amor en tu vida es conectándote con el creador del amor, que es Dios.

Es lamentable que en algunas Iglesias sus pastores, líderes y las personas están perdiendo el ejemplo más valioso importante que nos dieron Dios y Jesucristo: el amor y la obediencia. Dios mandó a su hijo a morir por nosotros, y Jesús fue obediente a su padre solo por amor.

Para no alejarnos del amor de Dios reflexionemos sobre lo siguiente:

- Estamos más ocupados en llenar las bancas de las iglesias, que en mostrar un acto de amor. Producir está bien, pero que la prioridad sea realmente promover el reino de Dios y reflejar a Jesús en nuestras vidas.
- Vamos por la vida predicando el evangelio sin amor, presentando la pura condenación, y la gente en lugar de sentirse amada se siente más herida y juzgada.
- Estamos más enfocados en llenar a nuestros hijos con cosas materiales que con atención y amor.
- Hoy en día la amistad vale más según los *likes* que recibes en un post, que las acciones de una verdadera amistad. No está mal, no estoy en contra, pero no te desenfoques del verdadero amor.

- Debemos amar de la forma correcta, amar desinteresadamente, amar de forma madura, amar como Dios manda. Este amor es simple pero difícil a la vez. Conéctate con Dios, solo él puede hacer que ese amor distorsionado, que tenemos a causa de nuestras heridas, vuelva a su origen.

Cuando yo empecé a trabajar en una clínica de rehabilitación para personas con problemas de adicción, lo hice con mucha pasión. Trataba de estudiar cada caso para dar lo mejor de mí, quería impactar en sus vidas, lograr hacer algún cambio en ellas. Cada paciente traía un reto a mi vida y eso me motivaba a prepararme a diario. Pero esa actitud se fue perdiendo a través del tiempo cuando vi que al organismo para el que trabajaba no le importaban los pacientes, sino el reporte de números. Para ellos solo eran números en un sistema. Su prioridad no era tanto el cambio que el paciente podía tener, sino un reporte con números altos. Poco a poco me fui envolviendo en ese sistema y empecé a ser insensible. Eso me hizo pensar que estaba perdiendo la pasión por mi trabajo. Cuando dejas de amar lo que haces, el trabajo empieza a ser difícil, se te convierte en un reto, pero de forma negativa, ya no lo disfrutas.

Eso suele pasar en varias áreas de nuestras vidas, incluyendo nuestra vida espiritual, cuando dejamos que nuestra pasión y amor hacia Dios se enfríe, o cuando hacemos las cosas solo por costumbre. Cuando asumimos nuestras acciones sin pasión, sino porque «**tengo que**», **tengo que** estar con mi esposa o esposo porque tengo que, por que hay un papel, hay intereses, **tengo que** estar en este trabajo, porque no hay más, tengo que ir a la iglesia porque es domingo, y eso es lo que por lo general hacemos. **Tengo que** orar por «fulanita» porque ya llamó y eso es mi trabajo ser pastor. Y luego nos quejamos preguntando: ¿dónde está el amor?!

La palabra de Dios nos manda a esto:
Y hagan todo con amor (1 Corintios 16:14).

Cuando Dios nos manda a hacer todo con amor, eso equivale a TODO, nada queda excluido.

Entre más amor haya en todo lo que haces en tu vida, menos depresión, ansiedad, miedo o estrés va a existir. Eso dependerá de cuán avivado esté el fuego en ti.

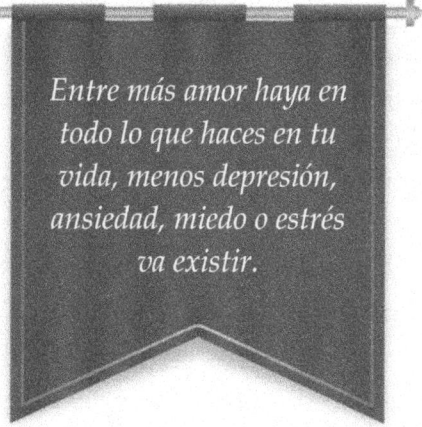

Un día, estando yo en oración (por cierto, ese día estaba muy afligida), oré así: «estoy bien dolida y

> *Entre más amor haya en todo lo que haces en tu vida, menos depresión, ansiedad, miedo o estrés va existir.*

decepcionada, estoy a punto de rendirme, ¿qué se supone que debería hacer?, yo te pedí revelación y me la diste, pero también te pedí una solución y no me la has dado, ¿qué se supone que debo hacer con este dolor?» Y el Espíritu de Dios me respondió: «Muévete en el amor». Ante esta revelación y tratando de entender volví a preguntar: «¿en el amor?» y el siguiente versículo me confirmó su palabra:

> *Y sabemos que a los que aman a Dios, todas las cosas les ayudan a bien, esto es, a los que conforme a su propósito son llamados.*
>
> *Romanos 8:28 (RVR, 1960).*

Es probable que ciertas cosas malas que hayan pasado en tu vida las hicieran de manera intencional algunas personas, pero ¿sabes qué?, Dios te dice: «ellos trataron de hacerlo para mal, pero yo lo haré para bien, solo sé obediente y camina en mis caminos».

Un día, platicando con mi pastora, ella me dijo esto: «cámbiale la estrategia a Satanás, sé impredecible». Entonces pensé: «lo que Satanás quiere es que yo me deprima, me amargue, me enoje y me aleje de Dios por lo que pasó, que viva odiando». Así que un día orando le dije a Dios: «¿sabes qué, Dios?, ya me cansé de pedirte explicaciones por lo que pasó, también ya me cansé de buscar culpables, me cansé de llegar a miles de conclusiones. Yo me rindo a tu voluntad, ¡paso, paso! No puedo cambiar nada del pasado, pero sí quiero cambiar el presente. Quiero ser feliz. Quiero amar como tú me amas. Quiero disfrutar de la vida con días soleados y días lluviosos. Quiero reír más y llorar menos. Quiero disfrutar cada minuto de mi vida amando más y odiando menos. Pero eso solo puedo hacerlo si tú estás conmigo».

Así que caminé en otra dirección, contraria a mi circunstancia, a mi dolor, me moví en el amor. Una estrategia bastante ilógica, pero lógica para Dios.

¿Quieres que el mundo sea diferente?, ¿quieres que tu matrimonio sea diferente?, ¿quieres que tu familia sea diferente?, ¿deseas que tu Iglesia o tu ambiente laboral sean diferentes? Empieza tú, toma la decisión tú, no esperes que tus circunstancias mejoren para ser diferente. Haz el cambio tú. Está en nosotros mismos. Me gusta una frase que usa el grupo de Al-Anon: «Que empiece por mí».

Considera lo siguiente:
- Una mala decisión puede afectar a muchas generaciones. Pero también una buena decisión puede cambiar a muchas generaciones.
- Recuerda que cada uno de nosotros actúa según lo que hay en nuestro corazón. ¿Qué es lo que hay en tu corazón?
- No busques el amor en otros lugares, el verdadero amor se encuentra en Dios. Sabes que un verdadero encuentro con Dios no solo te cambia la vida, sino también el corazón.

Louise L. Hay, autora del libro *Usted puede sanar su vida*, refiere en dicha obra: «El amor es la cura milagrosa, si nos amamos aparecerán los milagros en nuestras vidas».

Siento tan fuerte a Dios hablando a mi espíritu, diciendo esto: «No dejen de amarse».

No soy una persona perfecta escribiendo una guía de cómo amar. Cuando empecé a escribir este libro estaba en un desierto, el desierto más grande y seco que he pasado en toda mi vida. Si no hubiera sido por lo que el Espíritu de Dios me ministró y me guio cada vez que escribía, hubiera muerto espiritualmente en ese desierto, hubiera actuado en la forma humana: bajo mis emociones, las cuales me hubieran empujado a actuar de forma equivocada, provocando muchas consecuencias negativas en mi vida. Gracias a lo que escribí, Dios alineó mi vida a su voluntad, me hizo verme como una hija de Dios y no como una víctima, me enseñó que el dolor puede moldearnos, puede forjar en nosotras muchas cosas positivas y, sobre todo, lo que necesitamos aprender de cada prueba. Me enseñó a actuar como una verdadera hija de Dios. Pero lo más importante, a causa de este desierto, tuve que depender y recurrir solo a él. Me siento orgullosa de poder dejarle un legado a mi hija, más importante que cualquiera otra cosa. Caminar por la vida en amor, tomada de la mano de Dios.

Pablo nos exhorta a esto:

13 Hermanos, yo mismo no pretendo haberlo ya alcanzado; pero una cosa hago: olvidando ciertamente lo que queda atrás, y extendiéndome a lo que está delante, 14 prosigo a la meta, al premio del supremo llamamiento de Dios en Cristo Jesús.

Filipenses 3:13-14 (RVR, 1960).

No mires atrás, sigue adelante, que Dios cumplirá en ti su propósito.

Oración

Padre que estás en los cielos, quien eres el único que tiene el poder de hacer cosas sobrenaturales, poderosas, maravillosas en la vida de cada uno de nosotros; tú, solo tú, tienes el poder y el control sobre nuestras vidas. Tú conoces mejor que nadie nuestras situaciones, nuestras heridas, nuestras preocupaciones. Danos la sabiduría para ver las cosas a otro nivel, espiritual, abre nuestros ojos espiritualmente para enfocarnos en seguir tu meta, para vernos como tú nos miras, como hijos tuyos. Danos la habilidad que necesitamos para enfocarnos en ti, dejar el dolor a un lado y los problemas de la vida, que nos apartan de tu camino. Ayúdanos a movernos en el amor para que este, a su vez, sane todo lo que tenga que sanar en nuestras vidas. Dale vida a todo lo que estaba muerto en cada uno de nosotros. Dale un soplo de aliento de vida a cada uno de nuestros corazones. Activa el amor que tú depositaste en nosotros. Límpianos de toda maldad, perdona todos nuestros pecados. Que te agradezcamos con nuestras conductas. Que seamos obedientes, aunque en ocasiones no entendamos todo. Dios, que siempre seas tú nuestro primer amor, ayúdanos a vivir una vida en tu presencia haciendo y cumpliendo con lo que nos mandaste a hacer. Ayúdanos a reflejar a Jesús en nuestras vidas. Que tu amor sea para nosotros la medicina que necesitamos para sanar. Que sea el estandarte de cada persona y que, sobre todo, siempre seas parte de nuestra mesa. Gracias, Dios, te amamos y te invitamos siempre a ser parte de nuestras vidas. En el nombre de Jesús. ¡Amén!

Capítulo X

Sembrando semillas de amor

❀❀❀

uando consultaba, solía decirles a mis pacientes: «tus pensamientos son como semillas, todo a lo que le des atención en tu mente y corazón es lo que cosecharás», les explicaba que es imposible sembrar semillas de naranja y cosechar manzanas. Si quieres cambios externos diferentes tiene que haber primero cambios internos, en nuestra mente, corazón, y la forma en que declaramos palabra en nuestras vidas. Aquí en este tema les comparto algunas declaraciones que, en lo personal, me repito en voz alta cada vez que las necesito, estas me ayudan a estar en paz y a la vez proclamar su activación en mi vida.

Mencionando antes que Dios refiere esto en su palabra:

La muerte y la vida están en poder de la lengua, y el que la ama comerá de sus frutos.

Proverbios 18:21 (RVR, 1960).

- En Dios todo está bien.
- Por la gracia de Dios soy suficiente.
- Por las llagas de Jesús soy sana.
- Por la sangre de Jesús soy libre.
- Elijo vivir confiando en que Dios cuida de mí.
- Elijo vivir confiando en que Dios tiene el control absoluto de mi vida.
- Elijo vivir confiando en que todo obra para bien.
- Elijo vivir confiando en que Dios tiene planes de bien para mí y no de mal.
- Soy bendición.
- Soy una hija de Dios, no una víctima.
- Soy amada por Dios.
- Sonríe en el proceso.
- Elijo amar y perdonar.
- Elijo reír más y llorar menos.
- Dios está haciendo cosas nuevas en mi vida.

Oración:

Gracias, Dios, por todo lo que hemos aprendido en esta maravillosa experiencia que realizamos a través de esta lectura, que todo lo que hayamos visto sea codificado por medio de nuestro corazón, que estas semillas de amor den a su tiempo cosecha para tu honra y tu gloria; danos la sabiduría que necesitamos para entender tu maravillosa palabra, así como también danos de tu gracia para llevarla a cabo en nuestras vidas. Pero, sobre todo, cúbrenos y llénanos de tu amor, para que podamos reflejar el fruto del Espíritu Santo en nuestras vidas. Te damos gracias infinitas por todo lo que has hecho y todo lo nuevo que harás en la vida de cada uno de nosotros. En el nombre de Jesús. ¡Amén!

www.ingramcontent.com/pod-product-compliance
Lightning Source LLC
Chambersburg PA
CBHW032208040426
42449CB00005B/494